MAISON DE L'EMPEREUR.

MUSÉE IMPÉRIAL

DU LOUVRE.

Prix : 1 fr.

NOTICE
DES TABLEAUX

DU

MUSÉE NAPOLÉON III

EXPOSÉS DANS LES SALLES DE LA COLONNADE

AU LOUVRE

PAR

M. F. REISET

CONSERVATEUR DES PEINTURES, DES DESSINS
ET DE LA CHALCOGRAPHIE.

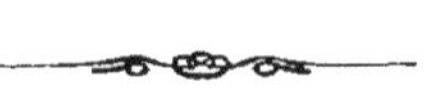

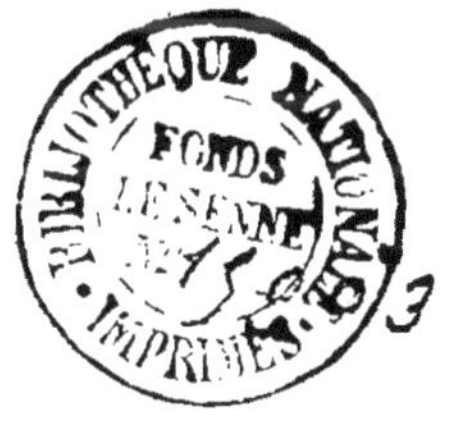

PARIS,

CHARLES DE MOURGUES FRÈRES,

IMPRIMEURS DES MUSÉES IMPÉRIAUX,

RUE J.-J. ROUSSEAU, 58.

—

1868

MONSIEUR LE SURINTENDANT,

J'ai l'honneur de vous soumettre les épreuves de la Notice des peintures du Musée Napoléon III.

Les noms d'artistes qui figurent dans cette collection étant peu nombreux, l'ordre chronologique m'a paru devoir être adopté. Les œuvres que je n'ai pu désigner que par de vagues attributions, se trouveront du moins ainsi groupées par époques et par écoles. Je donne à la fin, pour la facilité des recherches, une table alphabétique.

Les Catalogues du Louvre sont entre les mains de tous ceux qui liront la présente Notice. Il était donc inutile de reproduire, pour les peintres qui sont représentés à la fois dans les anciennes galeries et dans le Musée Napoléon III, des détails biographiques déjà connus. Je me suis contenté de rapporter les dates de naissance et de mort, en ajoutant aux noms des maîtres nouveaux au Louvre les renseignements nécessaires.

J'espère, Monsieur le Surintendant, que vous voudrez bien approuver ce petit travail, et me donner l'autorisation de le publier.

Veuillez agréez, Monsieur le Surintendant, l'assurance de ma haute considération,

Le Conservateur des peintures, des dessins et de la Chalcographie,

F. REISET.

4 juillet 1863.

APPROUVÉ :

LE SURINTENDANT DES BEAUX-ARTS

Cte DE NIEUWERKERKE.

Si tous les amis des arts ont payé un juste tribut d'admiration aux magnificences archéologiques et à l'imposant ensemble des collections Campana, si tous ont applaudi à la pensée patriotique qui en a doté la France, il faut reconnaître que certains détails de cet ensemble ont été diversement appréciés. Cela était inévitable. Parmi tant de richesses accumulées en peu d'années, au milieu de séries si diverses, tout pouvait-il être également bien choisi, également irréprochable?

En rendant pleine justice au goût de l'amateur passionné qui avait formé cette réunion, il est permis de dire que ses études, ses prédilections, le milieu dans lequel il vivait, le hasard même peut-être, l'avaient plus directement et plus heureusement porté vers l'Antiquité que vers la Renaissance.

Il était donc naturel, en ce qui regarde les peintures dont nous avons spécialement à nous occuper ici, que les noms donnés en Italie aux tableaux de la collection ne fussent pas tous acceptés, et que, de l'aveu général, une révision exacte et soigneuse fût considérée comme nécessaire. Nous ne pouvons mieux faire que de rapporter les termes mêmes de la notice publiée par l'administration provisoire du Musée Napoléon III : « Un grand nombre des attributions « de ce catalogue sont discutables ; quelques-unes d'entre « elles sont erronées. »

Tous ceux, en effet, qui ont étudié cet inventaire, dans lequel figurent tous les grands noms de la peinture, depuis Cimabue jusqu'à Andrea del Sarto, jusqu'à Van Dyck et Rubens, tous ceux qui savent quelles œuvres y sont attribuées au Pérugin et à Raphaël, reconnaîtront que le jugement porté par le rédacteur de la notice ne peut être taxé d'une trop grande sévérité.

Conserver avec soin le vrai, faire table rase du faux, telle est la tâche qui nous est imposée : tâche ingrate à tous égards, et à laquelle l'œil le plus sûr, la main la plus délicate et la plus habile suffiraient à peine. C'est donc avec réserve et pour accomplir un devoir, que nous exposerons notre opinion. Nous n'avons rien négligé pour nous rapprocher de la vérité, et nous n'avons accepté, suivant notre habitude, que les attributions basées sur des documents, ou sur la comparaison avec des ouvrages reconnus authentiques. Le temps et l'avis du public viendront confirmer ou détruire nos jugements, que nous nous empresserons de rectifier quand le moment sera venu.

Grâce à la bienveillance des connaisseurs français et étrangers, bienveillance qui ne nous a jamais fait défaut (1), et à laquelle nous faisons de nouveau appel de toutes nos

(1) MM. Cavalcasselle et Mündler nous ont fourni pour la présente Notice d'utiles indications, dont nous avons fait notre profit.

forces ; grâce aussi aux recherches que nous n'abandonnerons pas, nous espérons bien pouvoir un jour éclaircir plusieurs des questions que nous laissons aujourd'hui à l'état d'énigmes.

Nous devons ajouter quelques mots d'explication sur la formation de cette suite de peintures, telle qu'elle est définitivement entrée au Louvre et dans le Musée Napoléon III.

Dans le courant de juillet 1862, une Commission fut nommée par S. E. le Ministre d'Etat pour choisir les objets de la collection Campana destinés aux Musées impériaux, et pour mettre de côté les doubles et les objets inutiles au Louvre, lesquels devaient être répartis entre les Musées des départements.

Cette Commission se composait de :

MM. Le comte de Nieuwerkerke, directeur général des Musées, membre de l'Institut, *président ;*
Mérimée, sénateur, membre de l'Institut, *vice-président ;*
De Saulcy, sénateur, membre de l'Institut, *vice-président ;*
Beulé, secrétaire perpétuel de l'Académie des Beaux-arts ;
Clément (Charles), attaché à l'administration provisoire du Musée Napoléon III ;
Cornu (Sébastien), administrateur provisoire du Musée Napoléon III ;
Courmont, chef de la division des Beaux-Arts ;

MM. De Longpérier, membre de l'Institut, conservateur des antiques;

Ravaisson, membre de l'Institut;

Reiset, conservateur des peintures et des dessins;

Rénier (Léon), membre de l'Institut;

Du Sommerard, conservateur du Musée de Cluny;

De Viel-Castel (comte Horace), conservateur du Musée des souverains;

Viollet-Leduc, inspecteur général des édifices diocésains;

De Witte, correspondant de l'Institut;

Darcel (Alfred), attaché à la conservation des Musées impériaux, *secrétaire* (1).

La commission se mit avec ardeur au travail, et, après de nombreuses séances, générales ou partielles, déposa son rapport, qui concluait, en ce qui concernait la peinture, à faire entrer au Louvre 97 tableaux, pris sur le nombre total s'élevant à 646.

Des réclamations s'étant élevées sur le résultat des travaux de la commission, S. M. l'Empereur décida qu'un nouvel examen serait fait par l'Académie des Inscriptions et Belles-Lettres et par l'Académie des Beaux-Arts, pour vérifier si d'autres objets ne devaient pas être ajoutés aux choix arrêtés.

L'Académie des Inscriptions déclara n'avoir rien à changer au travail de la Commission.

---

(1) MM. Rénier, Cornu et Clément n'ont point accepté les fonctions de commissaire.

L'Académie des Beaux-Arts ajouta 39 sculptures antiques, un certain nombre de faïences en relief et de majoliques, et 206 tableaux.

C'est ainsi que se trouva portée au chiffre de 303 peintures (1) la collection décrite au présent catalogue.

Les tableaux choisis par l'Académie des Beaux-Arts de l'Institut échappaient, tout le monde le comprendra, à notre humble juridiction. Les décisions de ce corps illustre sont pour nous sans appel, et nous espérions n'avoir qu'à transcrire ses jugements. Cet espoir a été déçu. L'Académie ne nous a pas fait connaître les attributions qu'il fallait donner aux tableaux désignés par elle, et la liste remise par M. le Secrétaire perpétuel ne contenait que des numéros.

Notre embarras, déjà grand pour la première partie de la collection, n'a donc pu que s'accroître en ce qui concerne la seconde. Nous avions du moins, pour cette première partie, l'appui et les avis des membres de la Commission. Plusieurs des tableaux choisis par eux avaient d'ailleurs une notoriété qui manque complétement ici. Tout nous fait défaut; et nous aurions vivement désiré d'avoir la liberté de garder le silence, quand une si haute autorité jugeait convenable de ne pas parler. L'abstention eût servi à la fois notre goût et nos intérêts.

---

(1) Le chiffre est un peu moindre, à cause de la réunion sous un seul numéro de plusieurs morceaux de la même main.

La lettre **C** indique les choix de la Commission, la lettre **A** désigne les peintures ajoutées par l'Académie.

TABLEAUX DE STYLE BYZANTIN.

Les types créés par l'ancien art byzantin ont été, tout en perdant de leur grandeur, invariablement répétés jusqu'à nos jours dans les couvents grecs. L'état matériel de la peinture, le style de certains ornements, l'accentuation plus ou moins prononcée des formes, permettent cependant de fixer approximativement l'âge de ces reproductions.

1. *La Vierge, vue à mi-corps, porte dans ses bras l'Enfant Jésus, qu'elle paraît vouloir embrasser. Dans le haut du panneau, de chaque côté, une demi-figure d'ange.*

Bois. — H. 0,43. — L. 0,34. **(C)**

L'une des mains de l'Enfant tient une banderole, sur laquelle on lit ces mots du prophète Isaïe, reproduits dans l'Évangile selon saint Luc, ch. IV, verset 18 : *Πνεῦμα Κυρίου ἐπ' ἐμὲ οὗ εἵνεκεν ἔχρισέ με.*

Prés de la tête de la Vierge se trouve l'abréviation : ΜΗΡ. ΘΥ.

La peinture paraît remonter au XVe, et même peut-être au XIVe siècle.

2. *Saint à cheval, tenant une lance et se dirigeant vers la gauche.*

Bois. — H. 0,28. — L. 0,21. (C)

Paraît être de la fin du XVIe siècle.

3. *Sainte Catherine, assise, tenant d'une main la roue, la palme et le crucifix.*

Bois. — H. 0,33. — L. 0,27. (A)

On lit dans le haut : ΗΑ ΑΙΚΑΤΕΡΙΝΑ, et au bas le nom de l'artiste ΒΙΚ$\overset{T}{O}$Ρ, Victor. — Ce peintre semble appartenir au commencement du XVIIe siècle.

4. *Saint Démétrius.* Ὁ ἍΔΗΜΉΤΡΙΟϹ. *Il est assis, tenant l'épée et la lance, et porte une cuirasse dorée.*

Bois. — H. 0,33. — L. 0,27. (A)

Même signature que le précédent.

Les nos 3 et 4 proviennent de la galerie du cardinal Fesch. Ils portent dans le catalogue de vente les nos 826 et 827.

5. *Saint Théodore.* Ο ἍΓΙΟϹ ΘΕΌΔΩΡΟϹ.

Bois. — H. 0,43. — L. 0,32. (A)

Le saint est à cheval, se dirigeant vers la gauche, et foule un roi étendu à terre. Une main, sortant des nuages, pose une couronne sur sa tête.

6. *Saint Démétrius.* Ὅ Ἅ. ΔΗΜΗΤΡΙΟϹ.

Bois. — H. 0,43. — L. 0,34. (A)

Il est à cheval, se dirigeant vers la droite, et foule un roi vaincu. Une main sortant des nuages le bénit.

De la même main que le précédent, et probablement postérieur aux nos 3 et 4.

ÉCOLES D'ITALIE.

ÉCOLES D'ITALIE, COMMENCEMENT DU XIVe SIÈCLE.

7. *La Vierge et l'Enfant Jésus.*

Bois. — H. 0,41. — L. 0,26. **(A)**

La Vierge, vêtue d'un manteau bleu brodé d'or, tient l'Enfant Jésus, également habillé d'une robe d'or semée d'aigles rouges et noirs. A droite et à gauche, sainte Marguerite, sainte Catherine et deux anges faisant de la musique.

ÉCOLE DE GIOTTO, *peintre, sculpteur, architecte, né à Florence en* 1276, *mort à Florence le* 8 *janvier* 1336.

8. *Le Christ en croix, figure de grandeur naturelle.*

Peint sur un panneau en forme de croix. — H. 2,77. — L. 2,25. — Le nimbe du Christ est en relief. **(C)**

Aux deux extrémités des bras de la croix, demi-figures de la Vierge et de saint Jean. Au haut de la croix, l'inscription : IHS.NAZAREN. REX.IVDEORV. Au-dessus, le pélican.

9. *La Crucifixion.*

Bois. — H. 0,86. — L. 0,51. (C)

Une grande quantité de figures entourent les trois croix. On remarque au milieu la Vierge évanouie dans les bras des saintes femmes, et devant elles, les soldats jouant aux dés la robe du Christ. Au premier plan, groupe de guerriers à pied et à cheval.

Ce précieux tableau, d'ailleurs bien conservé, a malheureusement souffert dans la figure du Christ, qui se trouve entièrement effacée. Il semble devoir être attribué au Giottino, l'un des plus habiles imitateurs de Giotto.

10. *Saint Christophe portant sur ses épaules l'Enfant Jésus.*

Fragment de peinture à fresque sur mur. — H. 0,85. — L. 0,74. (C)

Le saint tient de sa main droite un jeune palmier. L'Enfant porte un globe, sur lequel on lit : ASIA AFRICA UROPIA.

11. *La Vierge assise sur les nuages, dans une auréole qu'entourent et portent six anges. Dans le bas, les douze Apôtres réunis en cercle.*

Bois, forme cintrée du haut. — H. 0,78. — L. 0,50. (A)

12. *Saint Jacques debout et en pied.*

Bois. — H. 0,51. — L 0,17. (A)

13. *Le Couronnement de la Vierge.*

Bois, forme ogivale. — H. 1,00. — L. 0,52. (A)

Le Christ et la Vierge sont assis sur un trône, au bas duquel se tiennent debout, à gauche : saint Antoine, sainte Lucie et saint Augustin ; à droite : saint Jacques, sainte Dorothée et saint Laurent — Chacun de ces saints porte son nom inscrit en relief dans son nimbe.

14. *La Vierge, l'Enfant Jésus et huit anges.*

Bois. — H. 0,85. — L. 0,61. (A)

15. *La Vierge, assise sur un trône, embrasse l'Enfant Jésus, qu'elle tient dans ses bras. De chaque côté, trois anges en adoration.*

Bois. — H. 1,60. — L. 1,16. (A)

La composition est imitée du tableau bien connu de Cimabue, qui se trouve à Santa-Maria Novella, et dont le Musée du Louvre possède une répétition.

16. *La Vierge donnant le sein à l'Enfant Jésus.*

Bois, forme cintrée du haut. — H. 1,33. — L. 0,71. (C)

Dans le haut, à droite et à gauche, des anges en adoration. Le Saint-Esprit, sous la figure d'une colombe, plane sur l'Enfant Jésus; Dieu le Père, vu à mi-corps, forme le point culminant de la composition.

17. *La mort de saint François.*

Bois. — H. 0,34. — L. 0,34. (A)

Un grand nombre de religieux entourent le corps du saint. Un personnage, vêtu de rouge, touche les stygmates. Dans le fond, une église.

18. *Saint Jean-Baptiste et un saint de l'ordre de Saint-François, debout. Aux pieds de saint Jean est agenouillé un personnage vêtu de rouge.*

Bois. — H. 0,88. — L. 0,57. (A)

De la même main que le n° 31

19. *La Crucifixion.*

Bois. — H. 0,30. — L. 0,66. (A)

A gauche de la croix, la Vierge, évanouie dans les bras des saintes femmes; à droite, groupe de soldats et de saints.

20. *La Vierge, assise sur un trône, tient l'Enfant Jésus, habillé et debout, sur ses genoux. A gauche, saint Barthélemy, sainte Madeleine et un saint martyr; à droite, saint Antoine, sainte Catherine et une sainte tenant une lampe allumée.*

Bois. — H. 0,52. — L. 0,49. (A)

21. *La Crucifixion.*

Bois, forme cintrée du haut. — H. 0,61. — L. 0,39. (A)

Au pied de la croix, la Madeleine agenouillée; à gauche, la Vierge, saint François et sainte Catherine; à droite, saint Jean, saint Barthélemy et un saint évêque debout. Dans les airs, trois anges recueillent le sang des plaies du Sauveur.

22. *La Vierge debout, vue de face, à mi-corps, tenant dans ses bras l'Enfant Jésus.*

Bois, forme ogivale. — H. 0,78. — L. 0,49. (A)

Scènes diverses de la vie de Notre-Seigneur, predella composée de neuf panneaux réunis en trois cadres.

23 (1er cadre).

Le Christ apparaissant à la Madeleine.

H. 0,13. — L. 0,13. (C)

L'Ascension.

Mêmes dimensions. (C)

La Cène.

Mêmes dimensions. (C)

24 (2e cadre).

La Résurrection.

H. 0,13. — L. 0,13. (C)

La Crucifixion.

H. 0,14. — L. 0,20. (C)

La Nativité.

H. 0,13. — L. 0,13. (C)

25 (3e cadre).

La Descente de croix.

H. 0,13. — L. 0,13. (C)

Le Christ mort entre la Vierge et saint Jean.

H. 0,13. — L. 0,18. (C)

La Flagellation,

H. 0,13. — L. 0,13. (C)

26. *La Vierge assise, vue en pied, présente le sein à l'Enfant Jésus, qu'elle tient sur ses genoux.*

Bois, forme ogivale. — H. 0,93. — L. 0,54. (C)

Dans le haut, la figure du Père Eternel.

27. *Saint Antoine, sainte Catherine et une sainte tenant une lance, tous trois debout et en pied.*

Bois. — H. 0,61. — L. 0,40. (C)

28. *La Crucifixion.*

Bois. — H. 0,30. — L. 0,59. (A)

Le Christ sur la croix occupe le centre de la composition; à gauche et sur le même plan, la Vierge évanouie dans les bras des saintes femmes; à droite, des soldats et des disciples.

29. *Saint Pierre.*

Bois. — H. 0,81. — L. 0,38. (C)

Le saint est de face, tenant les clefs, drapé d'un manteau jaune et vu jusqu'aux genoux.

30. *La Naissance de saint Jean-Baptiste.*

Bois. — H. 0,29. — L. 0,36. (A)

Au pied du lit de sainte Élisabeth, la sainte Vierge assise tient dans ses bras le nouveau-né à qui une femme présente une fleur. Dans le fond, deux jeunes filles servent l'accouchée.

31. *Deux saints debout.*

Bois. — H. 0,87. — L. 0,57. (A)

L'un des saints, à droite, est saint Louis, évêque de Toulouse; l'autre paraît être l'un des évangélistes. Une religieuse de petite dimension est agenouillée aux pieds de ce dernier.

De la même main que le n° 18.

32. *Légende de saint Éloi.* (?)

Bois. — H. 0,21. — L. 0,50. (A)

Le saint ferre la jambe coupée d'un cheval. Un personnage vêtu de rouge tient par la bride le cheval blessé. Derrière le saint, un démon debout.

33. *Divers sujets de la vie de saint Laurent.*

Fragments de predella.

1° *Saint Laurent distribuant aux pauvres les trésors de l'Église.*

Bois. — H. 0,18. — L. 0,35. (A)

2° *Saint Laurent en prison baptisant Lucile. On voit, vers la gauche, des aveugles et des infirmes s'approchant de la prison pour être guéris.*

Bois. — H. 0,18. — L. 0,36. (A)

3° *Saint Laurent mené devant l'empereur Valérien, qui lui demande de lui livrer les trésors de l'Église.*

Bois. — H. 0,18. — L. 0,36. (A)

4° *Saint Laurent amenant à Valérien les pauvres et les infirmes, lui dit : Voilà les trésors de l'Église que je vous amène.*

Bois. — H. 0,18. — L. 0,35. (A)

34. *Exhumation des corps de deux saints.*

Bois. — H. 0,23. — L. 0,37. (C)

Un saint évêque, armé d'une houe et courbé, déterre les corps de deux saints qui sont déjà à moitié découverts. Trois religieux et deux jeunes gens assistent à cette scène. Dans le haut, saint Pierre et saint Paul.

AGNOLO GADDI, *peintre et architecte, mort à l'âge de soixante-trois ans, dans les dernières années du* XIVe *siècle.*

Fils du plus grand des élèves de Giotto, Agnolo Gaddi conserva avec soin les traditions paternelles. Il fut le disciple fidèle de l'école giottesque. Mais une loi inexorable veut que l'art ne reste pas stationnaire, et s'amoindrisse entre les mains de ceux qui ne sont pas assez forts pour le pousser en avant. A force de répéter les types consacrés par l'admiration universelle, l'indifférence et la lassitude se mettent entre l'artiste et le public : la pratique envahit tout. A. Gaddi avait cependant reçu en partage des dons précieux, la grâce et la justesse de l'expression, l'agrément du coloris. Mais il faut reconnaître que ses figures, comparées à celles de son père ou à celles de Giotto, paraissent un peu lourdes. Le geste est moins vif et moins pénétrant, la forme perd une partie de sa force ou de son élégance.

Laissons de côté ce parallèle, et, tout en regrettant l'inspiration première, rendons justice à ce qui reste d'excellent parmi les derniers disciples de cette puissante école. A. Gaddi a laissé à l'église Santa Croce de Florence, à l'église Santo Spirito, au dôme de Prato, des peintures encore pleines de talent et de charme. Il n'était du reste peintre qu'à ses heures et pour son plaisir, s'il faut en croire Vasari. Il avait le génie du commerce et, avec l'aide de ses fils qui fondèrent une maison à Venise, sut acquérir de grandes richesses : il laissa en mourant une fortune de 50,000 florins d'or. La noble famille Gaddi, illustrée par Taddeo, devint l'une des plus riches et des plus puissantes de Florence, et fournit à l'Italie des hommes d'État, des évêques, des cardinaux, des savants.

35. *L'Annonciation.*

Bois. — H. 0,43. — L. 0,69. (C)

La sainte Vierge, assise sous un portique richement orné, croise ses bras sur sa poitrine et s'incline, en entendant les paroles sacrées que lui adresse l'ange Gabriel, agenouillé et tenant une branche de lys. Un second ange est à genoux vers la gauche. Dans le haut, le Père Eternel envoyant le Saint-Esprit.

BARTOLO DI MAESTRO FREDI, *né à Sienne vers 1330, mort à Sienne le 26 janvier 1410.*

Vasari et le père della Valle ont parlé de cet artiste; mais c'est dans l'ouvrage de M. Milanesi (*Documenti dell' arte Senese*) que sont réunis tous les éléments de sa biographie.

Il fut élève des frères Lorenzetti. Vasari cite un ouvrage daté de 1356, et un autre de 1388, qui se trouvaient de son temps à San Gimignano. Une date de 1382 est inscrite sur un panneau d'autel dans l'église des Franciscains de Montalcino.

Quoique son talent ne soit pas de premier ordre, Bartolo di Maestro Fredi paraît avoir été très en crédit à Sienne. M. Milanesi donne la preuve de travaux nombreux et considérables, et nous apprend en outre que le peintre fut, en 1372, en 1381, en 1382 et en 1401, nommé l'un des prieurs de la République. En 1380, à la suite de travaux dans le dôme de Volterra, la commune de Sienne écrivit deux fois aux magistrats de cette dernière ville pour réclamer avec vivacité le salaire dû à son concitoyen, salaire qui lui fut enfin payé.

Bartolo ne fut pas, comme l'a dit Vasari, le père du peintre Taddeo di Bartolo; mais il est l'auteur de la noble famille siennoise des Bartoli Battilori.

36. *La Présentation au temple.*

Bois. — H. 1,80. — L. 1,25. (A)

La scène se passe dans l'intérieur d'un temple de la plus élégante architecture. Au milieu le grand-prêtre inscrit le nom de l'enfant que porte Siméon et à qui la Vierge tend les bras; à gauche, saint Joseph, tenant des colombes, et deux jeunes filles; à droite, la prophétesse Anne, ayant dans ses mains une banderole sur laquelle on lit ces mots extraits de l'évangile de saint Luc, II, 38 : *Et hæc ipsa hora superveniens, confitebatur Domino et loquebatur de illo....*

LORENZO VENEZIANO, XIVe *siècle.*

Ce peintre a été cité par Zanetti et par Lanzi. Il jouissait d'une grande réputation de son temps, puisque l'un de ses ouvrages fut payé trois cents écus d'or. On voit de sa main une grande décoration d'autel à l'Académie des Beaux-Arts de Venise, et, au Musée Correr, un tableau représentant le Christ donnant les clefs à saint Pierre. M. V. Lazzari, dans son catalogue du Musée Correr, cite plusieurs peintures de Lorenzo portant les dates suivantes : 1357, 1359, 1361, 1366 et 1369; à cette liste il faut joindre la date de 1372, inscrite sur notre tableau.

37. *La Vierge et l'Enfant Jésus.*

Bois, forme ogivale. — H. 1,24. — L. 0,50. (A)

Marie est assise sur un trône orné d'un dais sculpté; elle est couronnée et donne à l'enfant une rose. Sous ses pieds on lit : M. CCC. LXXII. MĒSE. SETĒBRIS. LAVRĒCI'. D. VENETIS. PĪSIT.

Attribué à **STEFANO VENEZIANO**, XIVe *siècle.*

Cet artiste n'est connu que par les signatures inscrites sur ses ouvrages. Il était curé de l'église Sainte-Agnès à Venise.

il peignit en 1381 un couronnement de la Vierge qui se voit à l'Académie des Beaux-Arts et dont Zanotto a donné la gravure. Une Vierge, datée de 1369, fait partie du Musée Correr. Enfin M. Lazzari mentionne une troisième date : 1384. Si, comme cela est vraisemblable, le tableau que nous allons décrire est bien de Stefano, il doit, d'après sa date, être rangé parmi les œuvres de sa jeunesse.

38. *La Vierge et l'Enfant Jésus.*

Bois, forme cintrée du haut. — H. 0,93. — L. 0,52. (A)

Couronnée et couverte de riches vêtements, ornés d'arabesques d'or, la Vierge tient sur ses genoux l'Enfant Jésus à qui elle présente une pomme. On lit au bas du trône, à droite, la date : M. CCC. LIIII. M̅. O̅T̅. (Mense octobris.)

ÉCOLE FLORENTINE, XIVe SIÈCLE.

39. *Le Christ mort.*

Bois. — H. 0,50. — L. 0,80. (A)

Le Sauveur est étendu sur un linceul rouge que soutiennent saint Nicodème et saint Joseph d'Arimathie. La vierge, saint Jean, la Madeleine et deux saintes femmes sont agenouillés et expriment leur douleur. Saint François d'Assise embrasse le pied de la croix. Fond de rochers.

40. *Saint Barthélemy.*

Bois, forme ogivale. — H. 0,92. — L. 0,31. (A)

41. *Saint Pierre.*

Mêmes dimensions. (A)

42. *Saint Nicolas.*

Mêmes dimensions. (A)

43. *Saint Jean-Baptiste.*

Mêmes dimensions. (A)

44. *Saint Christophe.*

Bois, forme ogivale. — H. 0,92. — L. 0,27. (A)

45. *Un saint debout, vêtu à la mode du* XIVe *siècle, tenant une bourse.*

Bois, forme ogivale. — H. 0,92. — L. 0,30. (A)

Les n°s 40, 41, 42, 43, 44 et 45 sont de la même main.

46. *La Vierge, tenant l'Enfant Jésus, est assise sur un trône entre saint Jean-Baptiste et saint François. Sur sa tête, deux anges, dans les airs, soutiennent une couronne.*

Bois, forme ogivale. — H. 0,84. — L. 0,50. (A)

47. *La Crucifixion.*

Bois, forme ogivale. — H. 0,44. — L. 0,20. (A)

La Vierge, la Madeleine et saint Jean sont au pied de la croix. Dans le haut, la Vierge, à mi-corps et de profil.

48. *Le Christ en croix, figure de grandeur naturelle.*

Le nimbe du Christ est en relief.

Peint sur un panneau en forme de croix — H. 2,26 — L. 1,53. (C)

Huit petites figures d'anges garnissent le champ doré sur lequel se détache la croix. En haut, l'inscription : I.N.R.I.

ÉCOLE DE SIENNE (XIVe SIÈCLE).

49. *La Vierge entourée de saints.*

Bois. — H. 0,59. — L. 0,46. (C)

Marie est assise sur un trône élevé de plusieurs marches et donne le sein à l'Enfant. A gauche, deux anges dans les airs, jouant du luth et de la viole ; et, au-dessous des anges, sainte Madeleine et saint icolas debout. A droite, deux autres anges; et en bas, saint Pierre et sainte Dorothée. Sur le premier plan, Ève couchée et le serpent.

50. *La Vierge glorieuse est assise sur un trône surmonté d'un dais; elle est entourée de plusieurs rangs de saints et d'anges. A ses pieds se voient un croissant et un bouquet de lys, emblème de l'Immaculée Conception. Dans le haut, la Crucifixion.*

Bois, forme ogivale. — H. 0,88. — L. 0,46. (A)

51. *Le mariage de sainte Catherine.*

Bois. — H. 0,37. — L. 0,50. (A)

La Vierge est assise sur un trône au milieu de saints et d'anges. Sainte Catherine est agenouillée devant l'Enfant Jésus, qui lui met l'anneau au doigt. De chaque côté du sujet principal se voient deux saints debout, et dans le haut, à gauche, l'ange annonciateur ; à droite, la Vierge.

52. *Triptyque.*

Bois. — H. 0,55. — L. 0,54. (C)

Dans le panneau central la Vierge, assise sur un trône, que surmonte un dais, est entourée d'un triple rang d'anges. Sur le premier plan, saint Pierre, saint Jean Baptiste, saint Paul, saint Étienne, et quatre anges faisant de la musique.

A gauche, la Nativité; à droite, la Crucifixion. Dans le haut, le Père Éternel, l'ange de l'annonciation et la Vierge.

Ce petit tableau, d'une grande finesse et d'une excellente conservation, nous paraît être de la même main que le n° 210 de la galerie du Louvre.

53. *La Vierge, sur un trône, soutient sur ses genoux l'Enfant Jésus. A ses pieds, quatre saints debout et deux donateurs agenouillés.*

Bois, forme ogivale. — H. 0,34. — L. 0,22. (A)

54. *La Vierge assise, tenant l'Enfant Jésus sur ses genoux. A ses côtés, saint Jean et sainte Catherine, saint François d'Assise et sainte Madeleine. En bas, sur le premier plan, trois anges faisant de la musique.*

Bois, forme ogivale. — H. 0,81. — L. 0,48. (A)

55. *Le mariage de sainte Catherine.*

Bois, forme ogivale. — H. 1,11. — L. 0,48. (A)

La Vierge assise tient la main de sainte Catherine et la rapproche de celle de l'Enfant Jésus qui va lui donner l'anneau. Plusieurs anges entourent la composition.

56. *Le Couronnement de la Vierge.*

Bois. — H. 0,61. — L. 0,30. (A)

Le Christ place la couronne sur la tête de la Vierge assise à côté de lui. Une gloire d'anges les entoure. Au premier plan, des saints et des saintes sont en adoration, des anges font de la musique et sonnent de la trompette.

57. *Saint Jean-Baptiste, debout, vu à mi-corps, tenant une banderole sur laquelle on lit : ECCE AGNVS DEI.*

Bois, forme cintrée du haut. — H. 0,65. — L. 0,33. (C)

58. *La Vierge, assise sur un trône, presse l'Enfant Jésus dans ses bras. A gauche, saint Paul et deux anges; à droite, saint Pierre et deux autres anges.*

Bois, forme ogivale. — H. 0,51. — L. 0,25. (A)

59. *La Crucifixion.*

Bois. — H. 0,24. — L. 0,56. (A)

Au pied de la croix, saint François agenouillé; à gauche la Vierge évanouie dans les bras des saintes femmes, saint Jean et saint Longin; à droite le centurion et les soldats jouant aux dés la robe du Christ.

60. *La Vierge, assise dans un paysage, donne le sein à l'Enfant Jésus. Dans un compartiment supérieur, la Crucifixion.*

Bois, forme ogivale. — H. 0,47. — L. 0,26. (A)

*Attribué à l'*ÉCOLE DE SIENNE, XIVe *siècle.*

61. *Saint Blaise et sainte Praxède, debout.*

Bois. — H. 1,67. — L. 0,66. (A)

Le saint tient le peigne de fer et la crosse, la sainte tient la palme et la lampe allumée.

Dans le haut du panneau, l'ange de l'Annonciation agenouillé.

ÉCOLES D'ITALIE (XIVe SIÈCLE).

62. *La Crucifixion.*

Bois. — H. 1,14. — L. 0,60. (A)

Plusieurs anges volent autour de la croix. Les deux larrons se trouvent à droite et à gauche du Sauveur. Sur le premier plan, la Vierge évanouie dans les bras des saintes femmes, la Madeleine, saint Jean et plusieurs autres figures. Sur le second plan, des guerriers à cheval.

Ce tableau présente une imitation évidente des maîtres byzantins.

63. *Tableau à cinq compartiments.*

Bois, forme ogivale. — H. 1,14. — L. 1,65. (A)

Dans le milieu, la Crucifixion;
A droite, saint Jérôme et saint Jacques le majeur;
A gauche, saint Jean-Baptiste et saint Pierre;
Dans le bas, six demi-figures de saints.

64. *La Crucifixion.*

Bois. — H. 0,47. — L. 0,36. (A)

La Madeleine est agenouillée au pied de la croix : près d'elle est saint Jean, debout et les mains jointes. Sur le premier plan, à gauche, la Vierge évanouie; à droite, groupe de cavaliers.

65. *La Vierge, assise sur un trône, tient l'Enfant Jésus sur ses genoux. A droite, sainte Catherine debout; à gauche, une autre sainte. Cette dernière tient une croix et un livre.*

Bois, forme ogivale. — H. 0,38. — L. 0,20. (A)

66. *La Vierge, assise sur un trône recouvert d'une étoffe d'or, tient l'Enfant debout sur ses genoux. A gauche, saint Antoine et une sainte tenant son épée ; à droite, saint Jérôme et une sainte couronnée, tenant la palme du martyre. Ces quatre saints sont debout. Dans le compartiment supérieur, demi-figure du Christ bénissant.*

Bois, forme ogivale. — H. 0,60. — L. 0,36. (A)

67. *La Vierge, assise, tient l'Enfant Jésus sur ses genoux. Six saints sont rangés autour d'elle.*

Bois, forme ogivale. — H. 0,55. — L. 0,39. (A)

68. *Triptyque.*

Panneau du milieu. *La Vierge, assise, se détache sur une draperie que soutiennent quatre anges. Au-dessus, dans un médaillon trilobé, demi-figure du Père Éternel.*

H. 0,65. — L. 0,24. (A)

Volet de gauche. *Six saints et saintes, et au-dessus l'ange de l'Annonciation.*

H. 0,55. — L. 0,11. (A)

Volet de droite. *Six autres saints ; au-dessus, la Vierge assise.*

H. 0,55. — L. 0,11. (A)

69. *Saint Pierre debout et lisant.*

Bois. — H. 0,51. — L. 0,17. (A)

JACOPO DI PAOLO.

Cet artiste travaillait à Bologne à la fin du XIVe siècle. Il a été confondu par erreur avec Jacopo Avanzi, peintre beaucoup plus habile, qui fut à Padoue le collaborateur d'Altichieri.

La Pinacothèque de Bologne possède deux tableaux portant la même signature que le nôtre (nos 10 et 11 du catalogue de 1835).

70. *Le Couronnement de la Vierge.*

Bois. — H. 0,55. — L. 0,82. (A)

Le Christ et sa Mère sont assis sur un banc de pierre et sous un dais que soutiennent six anges. De chaque côté, sur le premier plan, un religieux franciscain agenouillé.

On lit au bas : IACOBVS PAVLI PINSIT.

ÉCOLE FLORENTINE, FIN DU XIVe SIÈCLE.

71. *Saint Sébastien debout, en pied, tenant une flèche. Au-dessus, le Père Éternel vu à mi-corps.*

Bois. — H. 0,50. — L. 0,25. (A)

72. *Trois saints.*

Tableau en forme de triptyque.

Bois. — H. 1,46. — L. 1,45. (C)

Dans le compartiment du milieu : saint Laurent assis, les pieds appuyés sur le gril;

A gauche, sainte Martyre debout, tenant une palme (on a ajouté à ses pieds un agneau pour en faire une sainte Agnès, mais c'est le résultat d'une erreur ainsi que le prouve l'inscription que nous allons rapporter. Le bas de la figure est entièrement moderne).

A droite, sainte Marguerite debout, tenant une croix et un livre, les pieds posés sur le dragon.

Trois petites figures, placées dans le haut des ogives, représentant le Christ, la Vierge et l'ange de l'Annonciation, complètent la composition.

On lit, sous le saint Laurent, les mots :

MICHELE-DI-LORĒCO-VAÑI (?) RINGĪ (?) FECE FARE QESTA M CCC...

A gauche : S. SAN..... MARTIRE.

A droite : S. MARGHARITA V.

Ce tableau offre une analogie remarquable avec les peintures de Don Lorenzo Monaco. Les figures de saintes se retrouvent, à peu près pareilles, dans l'Annonciation de ce maître, qui se voit à l'Académie des beaux-arts à Florence.

73. *Vierge au milieu d'un chœur d'anges.*

Bois. — H. 1,66. — L. 1,73. (A)

La Vierge est assise sur un trône, et tient l'Enfant Jésus. A ses pieds, deux anges assis à terre, l'un jouant de la mandoline, l'autre de l'orgue. Quatre autres anges sont debout et chantent. A gauche saint Jean-Baptiste, à droite saint Jérôme. Au-dessus de l'ornement ogival, deux prophètes, et dans des espaces circulaires, la Vierge et l'ange de l'Annonciation. Tout en haut le Père Éternel porté par les anges.

On lit en bas l'inscription : QVESTA.TAVOLA.A.FATTA.FARE. RINIERI.DILVCA.DIPIERO.RINIERI.CITTADINO.FIORENT.P. T.ANZ.SVA (pro tutandà animà suà?).

Sous le saint Jean, SCS.YOHANES.BAP; et sous le saint Jérôme, SCS.IERONIMVS DOT.

ÉCOLE DE SIENNE, FIN DU XIVe SIÈCLE.

74. *La Vierge et l'Enfant.*

Bois, forme ogivale. — H. 1,00. — L. 0,69. (C)

La Vierge, richement vêtue, couronnée et nimbée, est assise et porte l'enfant Jésus, qui d'une main tient un chardonneret et de l'autre donne la bénédiction.

Sur le cercle de la couronne se lit l'inscription : AVE GRATIA PL....

75. *L'Assomption.*

Bois, forme irrégulière. — H. 1,82. — L. 1,34. (A)

La Vierge, entourée d'une auréole rayonnante, est soutenue dans les airs par deux anges aux ailes déployées. Les apôtres sont en bas, près du tombeau, et agenouillés. Saint Jean est seul à gauche; les onze autres se trouvent à droite.

76. *La Naissance de la Vierge.*

Bois, forme irrégulière. — H. 1,82. — L. 1,34. (A)

Sainte Anne est dans son lit et se lave les mains dans un bassin que tient une jeune femme. Deux autres femmes apportent à boire et à manger. Dans le bas, et au premier plan, une jeune fille assise tient la Vierge emmaillottée. Dans le haut, demi-figure du Christ portant un livre ouvert dans lequel on lit : *Ego sum lux mundi via...*

De la même main que le n° 75.

ÉCOLES D'ITALIE, FIN DU XIVe SIÈCLE.

77. *Saint Pierre et saint Paul.*

Deux panneaux réunis dans le même cadre.

Hauteur de chaque panneau 0,30. — L. 0,10. (A)

78. *Le pape saint Clément debout, en pied. Il tient un livre ouvert dans ses mains. Dans un compartiment supérieur, la Vierge assise.*

Bois, forme ogivale. — H. 1,86. — L. 0,49. (A)

ÉCOLE DE SIENNE, COMMENCEMENT DU XVe SIÈCLE.

79. *La Vierge, en buste, tient devant elle l'Enfant Jésus debout, qui passe ses bras autour du cou de sa mère. A droite et à gauche, deux anges, l'un jouant de la mandoline, l'autre du tambourin.*

Bois. — H. 0,55. — L. 0,43. (A)

80. *Lucrèce, Collatin et autres personnages.*

Bois. — H. 0,30. — L. 0,42. (A)

La scène se passe dans l'intérieur de la chambre de Lucrèce et sur la plate-forme d'un château crénelé. Les personnages, habillés à la mode du XIVe siècle, ont leurs noms inscrits auprès d'eux.

81. *Scènes diverses, paraissant se rapporter à l'histoire d'Énée et de Didon.*

Quatre panneaux réunis dans un même cadre.

1° *Énée et Didon, à cheval, visitant Carthage.*

H. 0,36. — L. 0,27. (A)

2° *Didon, assise sur son trône, accueille Énée et ses compagnons.*

H. 0,21. — L. 0,20. (A)

3° *Didon se poignardant sur le bûcher en présence de plusieurs personnages.*

H. 0,21. — L. 0,26. (A)

4° *Didon, assise sur un trône, reçoit une supplique de quatre personnages agenouillés.*

H. 0,21. — L. 0,22. (A)

Les figures de ces quatre petits tableaux sont habillées à la mode du XIVe siècle. Les sujets seraient impossibles à reconnaître sans la scène du bûcher.

Même main que le n° 80.

82. *La Vierge de Miséricorde debout, tenant l'Enfant Jésus. Sous son manteau se réfugient un grand nombre de personnes de toutes conditions. Sur le premier plan, plusieurs pénitents se frappent avec leurs disciplines. Leur vêtement est fendu, de façon à laisser le dos nu.*

Bois. — H. 39. — L. 33. (A)

ÉCOLE OMBRIENNE, COMMENCEMENT DU XVe SIÈCLE.

83. *Le Couronnement de la Vierge.*

Bois, forme ogivale. — H. 1,17. — L. 0,49. (A)

Le Christ et la Vierge sont assis sur un siége orné d'une draperie verte, au-dessus de laquelle se voient trois anges en adoration.

ÉCOLES D'ITALIE, COMMENCEMENT DU XVe SIÈCLE.

84. *La Vierge entre deux saints.*

Panneau en forme de triptyque.

H. 1,85. — L. 1,90. (A)

Dans le compartiment du milieu la Vierge est assise sur un trône, tenant l'Enfant Jésus qui joue avec un chardonneret. Plusieurs anges sont placés sur les colonnettes du trône.

A droite, sainte Madeleine debout, tenant le vase de parfums. A gauche, saint Dominique portant un livre et une branche de lys.

85. *L'Annonciation.*

Bois. — H. 1,58. — L. 1,53. (A)

Sous un portique richement décoré, la Vierge, assise près de son lit s'incline devant l'ange agenouillé.

A gauche, derrière la Vierge, se voient le jeune Tobie à genoux, sainte Madeleine, saint Nicolas et une sainte martyre debout. A droite, saint Jean-Baptiste, saint Jean l'apôtre et saint Jérôme agenouillés.

86. *Saint François d'Assise, saint Laurent et saint Louis de Toulouse, debout.*

Bois. — H. 2,05. — L. 0,75. (A)

Dans une lunette, au-dessus du sujet principal, la figure de l'évangéliste saint Marc, à mi-corps.

87. *Sainte Catherine d'Alexandrie, saint Antoine de Padoue et saint Jean, debout.*

Bois. — H. 2,05. — L. 0,77. (A)

Dans le haut, le prophète Isaïe tenant une banderole.

De la même main que le no 86.

88. *L'Annonciation.*

En deux panneaux de forme hexagone.

Bois. — H. 0,65. — L. 0,31. (A)

A gauche, l'ange agenouillé dans un appartement orné de colonnettes; à droite, la Vierge à genoux devant un prie-Dieu.

89. *Martyre d'un saint.*

Bois, forme cintrée du haut. — H. 0,30. — L. 0,33. (A)

Il est assassiné par derrière pendant qu'il dit la messe.

90. *Un pape consacrant un évêque.*

Bois, forme cintrée du haut. — H. 0,31. — L. 0,33. (A)

Plusieurs cardinaux et plusieurs évêques assistent à la cérémonie.

De la même main que le tableau précédent.

91. *La Mort de la Vierge.*

Bois. — H. 0,91. — L. 0,43. (A)

Les Apôtres sont réunis autour du lit sur lequel repose la Vierge étendue. Le Christ descend pour recevoir son âme. Dans le haut, la Vierge, glorieuse, portée au ciel dans une auréole rayonnante.

92. *Saint Jérôme debout, en pied.*

Bois. — H. 0,32. — L. 0,10. (A)

ECOLE DE GENTILE DA FABRIANO, *peintre, né vers* 1370, *mort vers* 1450.

Douze sujets de l'histoire de la Vierge, réunis dans quatre cadres :

93. (1er cadre).

Le Mariage de la Vierge.

Bois. — H. 0,57. — L. 0,28. — Mêmes dimensions pour les onze panneaux suivants. (A)

La Circoncision.

La sainte Vierge montant les degrés du temple.

94. (2e cadre).

La Visitation.

La Fuite en Égypte.

La Présentation de la Vierge au temple.

95. (3e cadre).

Le Christ parmi les docteurs.

L'Ange apparaissant à saint Joseph.

La Naissance de la Vierge.

96. (4e cadre).

Saint Joseph venant trouver le grand-prêtre (?).

La Crèche.

La Présentation de Jésus au temple.

ÉCOLE DE FRA GIOVANNI ANGELICO, *né dans la province de Mugello en Toscane, en 1387, mort à Rome le 18 mars 1455.*

97. *Grande décoration d'autel composée d'un panneau principal, d'une predella et de deux montants.*

Panneau principal. La Sainte Vierge, assise sur un trône, ayant debout sur ses genoux l'Enfant Jésus tenant la boule du monde. Quatre anges se voient derrière le trône. A droite, saint Jean-Baptiste, saint François d'Assise et saint Laurent. A gauche, saint Jérôme, saint Cosme et saint Damien, tous debout. Le fond est garni d'orangers et de cyprès.

Bois. — H. 1,64. — L. 2,06. (C)

Predella. Elle comprend cinq sujets divers, savoir :

1o Le songe de saint Jérôme, battu de verges pour s'être complu aux lectures profanes.

2° La mort d'un saint franciscain entouré de religieux.

3° (Au milieu.) Le Christ mort, sur le bord du tombeau, entre la Vierge et saint Jean, qui tiennent chacun une de ses mains.

4° Saint François d'Assise, porté par des anges, apparaît à un saint évêque écrivant dans une cellule et entouré de livres.

5° Martyre de saint Cosme et de saint Damien. Aux deux côtés de la predella sont placées, dans un écusson, les anciennes armes des Médicis.

Bois. — H. 0,25. — L. totale, 2,59. (C)

Montants. Ils sont en forme de pilastres et présentent chacun trois saints. A gauche, saint Ambroise, saint Augustin et saint Grégoire (?). A droite, saint Pierre, saint Paul et saint Jacques-le-Majeur.

Ces six panneaux ont de hauteur 0,44, et de largeur 0,13.

(C)

Ce remarquable ensemble a été considéré par MM. C. Pini et G. Milanesi, les savants éditeurs de Vasari, comme étant de la main même de Beato Angelico. Mais cette attribution ne repose ni sur une citation de Vasari, ni, ce qui serait plus grave encore, sur un ancien document. Il nous sera donc permis de dire qu'elle ne nous paraît nullement s'accorder avec l'étude des ouvrages authentiques de l'inimitable peintre de Fiesole, et nous croyons que le moindre coup d'œil jeté sur la merveille que montre avec orgueil le musée du Louvre, et qui représente le couronnement de la Vierge, suffira pour amener à notre opinion les plus incrédules.

Nous y voyons l'œuvre, fort estimable d'ailleurs, de l'un des élèves ou des collaborateurs de Beato Angelico, et nous sommes heureux de trouver dans le livre du Père Vinc. Marchese (*memorie degli artisti domenicani*) la confirmation de notre manière de voir. Cet écrivain, dans sa première édition, cite notre tableau, qui se trouvait alors à Saint-Jérôme de Fiesole, parmi les œuvres du peintre dominicain; mais il ne le fait qu'en s'en rapportant à l'opinion d'autrui. Dans la seconde édition, malgré le jugement favorable de MM. Pini et

Milanesi, il n'en parle plus que comme d'une œuvre que *l'on veut attribuer* au maître, et il a soin d'ajouter, dans la liste des peintures des églises de Fiesole, à la mention du tableau, les mots : *Opera dubbia*.

Nous ne nous hasarderons pas à dire auquel des élèves de Beato Angelico l'on pourrait donner cet ouvrage. Parmi les élèves cités par Vasari, quelques-uns ne nous sont connus que de nom, et leurs œuvres ont pu souvent être honorées du nom du chef d'école. Mais les imitations de ce genre se rencontrent à chaque pas, et très-probablement, Vasari a oublié de mentionner plusieurs de ceux qui s'y livraient. Le plus célèbre peintre sorti de cette grande école, Benozzo Gozzoli, a, dans sa jeunesse, imité avec bonheur la manière de son maître. Le frère même de l'Angelico, Fra Benedetto del Mugello, miniaturiste célèbre, était en même temps un peintre habile (*Assai esercitato nella pittura,* dit Vasari), et c'est à lui que le Père Marchese attribue plusieurs peintures, même parmi celles du couvent de Saint-Marc, qui sont trop faibles pour être données à Fra Giovanni.

98. *Fragment du Jugement dernier.*

Bois. — H. 0,27. — L. 0,49. (A)

Le Sauveur est assis sur les nuages dans une auréole elliptique. Des rayons partent de son corps, et le nimbe crucifère est placé derrière sa tête. Les douze Apôtres sont rangés à droite et à gauche.

PAOLO UCCELLO, *peintre*, *né à Florence*, *mort à Florence vers* 1479, *âgé de* 83 *ans.*

99. *Bataille.*

Bois. — H. 1,80. — L. 3,16. (C)

De nombreuses figures de cavaliers et de fantassins garnissent la composition. Au milieu, le général en chef, monté sur un cheval noir, vu en raccourci, couvert de son armure mais sans casque et coiffé d'un énorme turban, s'élance en brandissant son épée. Derrière lui s'agitent deux étendards, dont l'un est argent et noir (1), dont l'autre est rouge et porte une licorne (2). Plusieurs cavaliers, armés de lances, portant des casques ornés de plumes étrangement disposées et visière baissée, se tiennent au repos vers la droite. On remarque au milieu d'eux un fantassin armant son arbalète. A gauche, les guerriers à cheval, mêlés de nombreux fantassins, partent au galop la lance en avant. Les trompettes sonnent la charge.

Paolo Uccello avait peint quatre tableaux de ce genre à Gualfonda, chez les Bartolini : celui que nous venons de décrire, un autre qui se trouve au musée de Florence, et un troisième qui fait partie de la Galerie nationale de' Londres. Nous ignorons le sort du quatrième.

ANSANO *ou* **SANO DI PIETRO**, *peintre et miniaturiste, né à Sienne en décembre* 1405, *mort à Sienne le* 1er *novembre* 1481.

Vasari n'a pas parlé de ce maître, qui cependant doit être cité avec honneur dans l'école de Sienne, et que n'a pas oublié Ugurgieri (*Pompe Sanesi*, tome II, page 343). Le père della Valle (*Lettere Sanesi*, tome II) lui consacre tout un chapitre. Il cite des fresques importantes décorant les palais et les églises de Sienne, et portant les dates suivantes : 1422 (3), 1445, 1456 et 1478.

Les commentateurs de la nouvelle édition de Vasari (Florence, Lemonnier, tome VI) comptent Ansano parmi les mi-

(1) Fascé-ondé d'argent et de sable.

(2) De gueules à la licorne couchée d'or.

(3) Il y a ici une erreur de chiffre, puisque en 1422 l'artiste n'avait que 17 ans. Nous savons d'ailleurs que la fresque sur laquelle le père della Valle a cru lire cette date a été terminée par Sano en 1460. Elle avait été commencée par Stefano di Giovanni, dit Il Sassetta, maître de Sano, mort en 1449.

Le père della Valle commet une seconde erreur en donnant Sano comme fils de Pietro Lorenzetti.

niaturistes les plus célèbres, et mentionnent de remarquables peintures, en ce genre, qui ornent deux manuscrits de la Bibliothèque de Sienne, ainsi que divers psautiers, antiphonaires et livres de chœur. Une de ces miniatures a été gravée dans l'ouvrage de Rosini (tome III).

Enfin, M. Gaetano Milanesi (*Documenti per la storia dell'arte Senese*) donne sur Sano une foule de détails qu'il serait trop long de relever ici. On retrouve dans ces documents la trace des nombreux travaux qui lui étaient confiés, et l'on y apprend de quelle estime il jouissait auprès de ses contemporains. Car nous le voyons, à plusieurs reprises, appelé par la commune et les particuliers à juger et à estimer, comme arbitre, les peintures d'autres artistes siennois.

Le plus bel éloge que l'on puisse faire de Sano di Pietro, c'est de dire qu'il a été appelé le Beato Angelico de Sienne. Ceux qui pourraient trouver cet éloge hyperbolique, reconnaîtront qu'il témoigne hautement de la pureté et de l'élévation de son talent.

100. *Divers épisodes de la vie de saint Jérôme.*

Predella composée de cinq morceaux :

1° Saint Jérôme battu de verges. Le saint a raconté un rêve terrible qu'il eut dans sa jeunesse, et dans lequel il se figura qu'il était mené devant le tribunal de Dieu et réprimandé pour son trop grand amour des lectures profanes. Nous voyons, en effet, saint Jérôme, nu et debout, battu par deux anges. Dieu, assis sous un portique et levant la main, semble lui dire : Tu es le disciple de Cicéron et non le disciple du Christ. Près du trône se trouvent quatre femmes drapées, représentant des vertus ou peut-être personnifiant les Saintes-Écritures.

Bois. — H. 0,23. — L. 0,35. (C)

2° Saint Jérôme faisant pénitence dans le désert. Il est agenouillé à l'entrée de sa grotte, vêtu d'un sac, et il tient une pierre pour se meurtrir la poitrine. Autour de lui, sur le terrain, se voient des serpents, des scorpions et des crapauds. Dans le fond du paysage, sur le haut des rochers, on remarque trois monastères.

Bois. — H. 0,23. — L. 0,37. (C)

3° Sous un portique et à l'entrée d'un monastère, saint Jérôme agenouillé arrache une épine de la patte du lion. Deux religieux debout regardent cette scène avec effroi. A droite, dans un paysage, le lion chasse devant lui et dirige vers le monastère un âne et deux chameaux chargés de provisions. Fond de montagnes et de mer.

Bois. — H. 0,23. — L. 0,78. (C)

4° Sujet divisé en deux compositions. A gauche, mort de saint Jérôme. Il est étendu par terre à demi-nu, les mains croisées. Treize religieux l'entourent et se livrent à la douleur. A droite, le saint dans le ciel, en costume de cardinal, apparaît à un saint évêque, qui semble écrire sous sa dictée.

Bois. — H. 0,23. — L. 0,37. (C)

5° Sujet divisé en deux compositions. A gauche, deux personnages assis, vêtus l'un de rouge, l'autre de bleu, voient dans le ciel saint Jérôme accompagné d'autres saints et de chérubins. A droite, saint Jérôme et saint Jean-Baptiste apparaissent à un saint évêque debout, peut-être saint Augustin.

Bois. — H. 0,23. — L. 0,36. (C)

Cette suite a fait partie de la collection Rinuccini, vendue à Florence en mai 1852.

Attribué à SANO DI PIETRO.

101. *Songe de saint Jérôme. Il est battu de verges pour s'être livré avec passion à la lecture des auteurs profanes.*

Bois. — H. 0,18. — L. 0,38. (A)

102. *Mort d'un saint religieux. Un grand nombre de ses compagnons assistent à ses derniers moments. On voit dans le haut son âme monter au ciel.*

Bois. — H. 0,18. — L. 0,36. (A)

Pendant du précédent.

103. *Fragment de predella.*

Bois. — H. 0,19. — L. 0,64. (A)

Un saint religieux, accompagné de deux acolytes, est agenouillé devant le Père Éternel, qui lui apparaît tenant le crucifix. Dans le paysage se voit un château sur une éminence.

Le même saint, dans son lit, parle à plusieurs religieux. Il tient de l'une de ses mains une corde qui sans doute met en mouvement la cloche du couvent.

ECOLE DE FILIPPO LIPPI, *peintre, né à Florence vers 1412, mort à Spolète en 1469.*

104. *La Vierge et l'Enfant Jésus.*

Bois. — H. 0,62. — L. 0,42. (C)

La Vierge est assise au milieu de la composition; elle tient sur son genou l'Enfant Jésus, à qui elle donne une grenade. Cinq anges drapés, portant des fleurs et des branches de lys, sont debout derrière elle.

Ce tableau était primitivement d'une forme rectangulaire; il a été agrandi sur les trois côtés et cintré du haut, pour entrer dans la bordure sculptée qui l'encadre aujourd'hui.

105. *La Vierge, vue à mi-corps, tient dans ses bras l'Enfant Jésus, qui joue avec un chardonneret.*

Bois. — H. 0,65. — L. 0,48. (A)

106. *La Vierge et l'Enfant.*

Bois. — H. 0,71. — L. 0,50. (A)

Jésus est couché en travers sur les genoux de sa Mère, qui le caresse et se prépare à lui donner le sein. Fond de paysage.

FRANCESCO PESELLI, *dit* PESELLINO, *peintre, né à Florence vers* 1426, *mort le* 29 *juillet* 1457.

107. *Predella composée de trois tableaux réunis dans un cadre.*

1° Le Christ mort, debout dans le tombeau. On voit dans le fond la lance, la colonne, l'éponge, la croix et l'échelle.

H. 0,28. — L. 0,27. (C)

2° Un saint cardinal soutenant dans ses bras deux pendus. A droite, un homme debout, témoignant son étonnement.

H. 0,31. — L. 0,29. (C)

3° Un évêque, couché et les mains jointes, voit apparaître un saint cardinal. Au pied du lit, un pape, un cardinal et un troisième personnage debout.

H. 0,31. — L. 0,29. (C)

NERI DI BICCI, *peintre, né à Florence en* 1419, *mort à Florence en* 1486.

Neri fut élève de son père, Bicci di Lorenzo. Vasari, qui possédait sur cette famille des renseignements insuffisants et qui a confondu Bicci di Lorenzo avec Lorenzo di Bicci, aïeul de Neri, n'a consacré à ce dernier que quelques lignes. Mais un précieux document, déjà connu de Baldinucci et conservé encore aujourd'hui à Florence, nous fournit les détails les plus circonstanciés sur son compte. C'est un journal tenu jour par jour par Neri de Bicci lui-même, pendant un espace de 23 ans, de 1453 à 1475, et dans lequel il enregistre toutes les commandes qu'il reçoit et tous les travaux qui sortent de son atelier. C'était à vrai dire une fabrique plutôt qu'un atelier, et le nombre des objets de toute sorte qu'il fournit à sa clientèle pour l'ornement des églises, des couvents, des palais ou des maisons privées, indique une grande vogue et un incroyable développement de commerce. Les aides qui l'entourent sont nombreux, et nous le voyons procéder littéralement à la grosse, puisqu'il fait à un menuisier une commande de trente-six tabernacles, tabernacles qui doivent lui être livrés bien terminés dans un terme de huit jours. (Voyez dans l'édition nouvelle de Vasari, le commentaire qui termine le second volume.)

Un pareil artiste devait être bien secondaire. Il fut, dit-on, l'ami de fra Filippo Lippi, mais ne profita guère de ses exemples. Il laissa à ses héritiers des terres et des maisons, et mena certainement une vie aussi régulière que celle de Lippi le fut peu. Mais le métier n'a rien de commun avec le génie, et malgré son extrême facilité et ses bonnes intentions, malgré quelques heureuses tentatives, Neri di Bicci ne peut être considéré que comme un habile praticien.

108. *La Vierge, vue à mi-corps et assise, tient sur ses genoux l'Enfant Jésus.*

Bois. — H. 0,85. — L. 0,56. (C)

Les figures se détachent sur un ciel parsemé d'étoiles et de rayons d'or.

COSIMO TURA, *dit* **COSMÈ**, *né à Ferrare vers* 1406, *vivait encore en* 1480.

Il fut élève de Galasso et regardé de son temps comme l'un des meilleurs peintres de Ferrare. Baruffaldi a donné une longue liste de ses ouvrages. Plusieurs tableaux de sa main décorent encore les monuments et les musées de cette ville.

Vers 1471, le duc Ercole de Ferrare lui fournit l'occasion de se signaler en lui confiant les peintures du palais de la Schifanoia. Cosmè y décora un grand salon du second étage, dans lequel il figura les douze mois de l'année avec un grand luxe de détails mythologiques et allégoriques. Sous la peinture de chaque mois, se trouve représenté le duc Borso, prédécesseur du duc Ercole, dans l'une de ses occupations habituelles, rendant la justice ou chassant, recevant les ambassadeurs.., etc. Le tout forme une sorte de poème varié dont Borso est le héros.

Ces peintures, qui pendant de longues années avaient été couvertes de blanc, ont été rendues à la lumière en 1840, et ce qui en reste fait vivement regretter ce qui est irréparablement perdu. On suppose que des mains autres que celles de Cosmè ont pu en terminer certaines parties, mais on s'accorde à lui en attribuer le principal honneur, et l'on comprend que dans un document ferrarais, publié par le comte Laderchi, et daté de 1480, il soit appelé le *premier des peintres du temps* (præstantissimo viro Cosimo omnium nostri temporis pictori...). Rosini a donné dans son histoire de la peinture (Tav. ccx et ccxxi), deux des ingénieuses et agréables compositions du palais de la Schifanoia. Espérons que, pendant qu'il en est encore temps, tout ce qui est parvenu jusqu'à nous sera conservé au moyen du burin.

109. *Le Christ mort.*

Bois, forme cintrée. — H. 1,32. — L. 2,67. (C)

La Vierge, assise au centre du tableau, tient sur ses genoux le corps inanimé du Sauveur. De chaque côté, un groupe de trois figures exprimant la plus vive douleur : ce sont, à droite, saint Jean, saint Joseph d'Arimathie et une sainte femme; à gauche, la Madeleine, une sainte femme et Nicodème.

110. *Saint franciscain, debout, vu de face et en pied, lisant.*

Bois, forme cintrée du haut. — H. 0,72. — L. 0,31. (C)

NICCOLO ALUNNO, *peintre, né à Foligno, travaillait encore à la fin du* XVe *siècle.*

111. *Grande bannière peinte des deux côtés.*

Toile. — H. 2,52. — L. 1,28. (C)

Au recto, Vierge de miséricorde couronnée par des anges et entourée de chérubins. Elle couvre de son manteau saint François d'Assise et sainte Catherine de Sienne, qui lui présentent des pénitents agenouillés. Dans le haut, le Christ en croix entre la Vierge et saint Jean.

Au verso, divisé en trois compartiments, se voient : en haut, l'Annonciation; au milieu, un évêque assis entre deux évêques debout; dans le bas, le martyre de saint Blaise.

Nous supposons que cette bannière est celle dont a parlé Vasari, et qui avait été peinte pour Assise.

BARTOLOMMEO VIVARINI, *de Murano, travaillait de 1450 à 1498.*

La famille Vivarini, originaire de l'île de Murano, a fourni aux églises et aux familles patriciennes de Venise, pendant tout le cours du XVe siècle, des peintres renommés. Ces artistes furent chargés de commandes importantes, même à Padoue et à Bologne, et l'un d'entre eux fut appelé à décorer le palais ducal, en concurrence avec Gentil et Jean Bellin. Cependant les historiens ne nous ont conservé que bien peu de renseignements sur leur compte. S'ils n'avaient pas eu le soin de signer et de dater plusieurs de leurs ouvrages, leurs noms seraient bien peu connus, et la confusion qui a longtemps existé entre les divers membres de la famille serait inextricable.

Malheureusement les signatures s'altèrent et disparaissent souvent, sans avoir été recueillies. Elles sont quelquefois aussi mal lues, mal interprétées, restaurées à faux ou même contrefaites. Cette source d'informations, la plus précieuse de toutes, demande un examen sévère et approfondi.

Toutes les discussions imaginables ont été soulevées à propos des Vivarini, et des auteurs sérieux ont été jusqu'à mettre en doute l'existence de quelques-uns d'entre eux. Sans entrer dans les détails d'une question fort controversée, et qui, nous l'avouons, n'est pas complétement éclaircie, nous exposerons le système qui nous semble résulter des faits constatés.

L'existence d'un Luigi Vivarini *l'ancien*, qui serait le père, l'oncle ou l'aïeul des autres, ne paraît pas admissible, malgré l'assertion de Ridolfi, et malgré les preuves que Zanotto a cherché à donner à l'appui de cette assertion. On s'accorde aujourd'hui à considérer la prétendue date de 1414 sur laquelle elle repose, comme altérée ou contrefaite. Il est évident d'ailleurs que les deux figures gravées par Zanotto (*Pinacoteca Veneta illustrata*) comme l'œuvre de ce vieux Luigi, ne sont pas des ouvrages du commencement, mais bien plutôt de la fin du XVe siècle.

Ce premier point établi, restent quatre peintres de la famille Vivarini, savoir : Giovanni, Antonio, Bartolommeo et Luigi (lequel signait ordinairement *Aloisius* ou *Alwixe*).

3

Zanetti (*Pittura veneziana*) dit que l'on ne connaît pas le degré de parenté qui unissait ces artistes. Il est certain, néanmoins, qu'Antonio et Bartolommeo étaient frères. Ce fait résulte d'une inscription relevée sur le tableau de Padoue par le plus ancien et le meilleur des observateurs, nous voulons dire l'anonyme de Morelli. Le tableau de la Pinacothèque de Bologne nous fournit la même indication (1).

Quant à Luigi, ou Alvise Vivarini, si nous en croyons Sansovino, il était le frère d'Antonio, et par conséquent de Bartolommeo; mais Sansovino ne donne ce renseignement qu'en passant et d'une manière incidente (*Venetia* 1581, livre I, page 10), et nous ne croyons pas qu'il soit confirmé d'ailleurs.

Enfin, les commentateurs de Vasari admettent Giovanni comme frère d'Antonio et de Bartolommeo; mais cela ne résulte en aucune façon de documents certains. Nous remarquons même que, dans les deux tableaux peints en collaboration par Antonio et Bartolommeo, ils indiquent leur qualité de *frères*, tandis que les ouvrages, bien plus nombreux, exécutés en commun par Giovanni et Antonio, ne portent que les mots : *Joanes et Antonius de Murano*. Cette différence est caractéristique, et si Giovanni doit être considéré sans contestation comme le parent des deux autres, il nous paraît probable qu'il n'était pas leur frère.

Giovanni opérait en 1440, 1444 et 1445 avec Antonio. Zanotto ne cite de lui qu'un panneau exécuté sans collaboration dans l'église Saint-Zacharie.

Antonio (outre les tableaux que nous venons de citer)

---

(1) Ce tableau de Bologne est signé ainsi qu'il suit : Hoc opus inceptum fuit et perfectum Venetiis ab Antonio et Bartholomeo *fratribus* de Murano.

On a rapporté l'inscription dans le Vasari de Le Monnier (tome VI, p. 124), mais en omettant le mot *fratribus*. Le même oubli se remarque dans le Catalogue de la galerie de Bologne (1835).

peignait avec un certain Jean d'Allemagne en 1445 et 1446, et avec Bartolommeo en 1450 et 1451. Il était plus âgé que ce dernier, et nous ne trouvons plus trace de lui après 1451.

Bartolommeo débutait, suivant toute apparence, en 1450 et 1451 à la chartreuse de Bologne et à l'église Saint-François de Padoue, en compagnie de son frère Antonio. Il peignit ensuite sans collaboration jusqu'à la fin du siècle. Le dernier ouvrage que l'on cite de lui porte la date de 1498. Vers 1470, Antonello de Messine apporta à Venise le secret de la peinture à l'huile, secret qui fut bien vite divulgué parmi les peintres. Bartolommeo en profita, et dans la dernière période de sa vie il adoucit sa manière, d'abord un peu sèche et tranchante, à l'imitation de Giovanni et d'Antonio. C'est sur ses cartons que furent peints, en 1473, les vitraux de l'église San-Giovanni et Paolo.

Luigi ou Alvise, le dernier et, avec Bartolommeo, le plus habile des Vivarini, peignit de 1480 à 1501. La mort le surprit pendant ses travaux du Palais-Ducal, qui furent achevés par son incomparable rival, Jean Bellin.

112. *Saint Jean de Capistran, défenseur de Belgrade.*

Bois. — H. 1,86. — L. 0,88. (C)

Le saint est vu en pied et debout. Il tient un étendard auquel se rattache une banderole portant ces mots : DEO. ANT. GRATIAS. QVI. DEDIT. NOBIS. VICTORIAM. P. Y. X. DONRM.

Dans le bas se trouve l'inscription : Beatus. Johes. de. capistrano. ordis. minorum. de. obsvacia. obijt. 1456. die. no. 23. ottobris. In. huy lac ugarie (1).

Enfin, sur un cartel placé sous les pieds du saint, l'artiste a placé sa signature : OPVS. BARTHOLOMEI. VIARINI. DE. MVRAHO. 1459.

---

(1) Wylak, en Hongrie.

CARLO CRIVELLI, *né à Venise, travaillait jusqu'en* 1493.

Ce peintre, d'un merveilleux talent, a été oublié par Vasari et à peine mentionné par Ridolfi, qui le donne comme élève de Jacobello del Fiore. Il était Vénitien et c'est lui-même qui nous l'apprend, car il ajouta toujours le mot *Venetus* à son nom ; mais il ne peignit guère dans sa patrie, et c'est à peine si l'on cite de sa main un tableau ou deux à Venise. L'*Anonyme* de Morelli ne le nomme pas. C'est dans la Marche d'Ancône et principalement à Ascoli et dans les environs, que ses ouvrages ont été retrouvés ; c'est dans ce pays qu'il dut passer la plus grande partie de sa vie.

Si nous prenons à la lettre les dates rapportées dans l'ouvrage du marquis Ricci (*Memorie degli artisti della Marca di Ancona*), il faut admettre que Crivelli a joui d'une longévité tout à fait extraordinaire. Les deux premiers ouvrages cités portent les dates de 1411 et 1412, les derniers celles de 1492 et même 1493. Un intervalle de 82 ans séparerait donc le premier tableau que nous connaissons du dernier! Il s'ensuivrait que l'artiste aurait été au moins centenaire et aurait travaillé jusqu'à son dernier jour avec le même talent, le même pinceau, le même style qu'au commencement. Des preuves sans réplique pourraient seules faire admettre une pareille conclusion. Voici nos motifs pour la repousser :

1° Les dates de 1411 et 1412 sont les seules qui existent du commencement du siècle. Nous avons relevé avec soin les autres ouvrages datés de C. Crivelli, et de 1412 nous sautons, sans intermédiaire, à 1463. N'est-ce pas là un résultat des plus étranges? Pendant 51 ans l'artiste n'aurait pas travaillé, ou du moins il n'aurait plus daté ses ouvrages! A partir de 1463, au contraire, jusqu'à la fin du siècle, nous trouvons une ou plusieurs peintures aux années suivantes :

1473, 1476, 1477, 1486, 1487, 1492 et enfin 1493. N'est-il pas vraisemblable que le millésime des deux premiers tableaux a été mal lu ou altéré? N'est-il pas arrivé bien souvent que le chiffre L a été transformé par le plus léger travail du temps en I ?

2° Le tableau daté de 1412 se trouve au musée Brera : il représente la Vierge et l'Enfant Jésus. Or, une autre Vierge du même maître fait partie de la même galerie ; celle-ci ne porte pas de millésime, mais l'inscription que l'on y lit peut en tenir lieu : après son nom, le maître a ajouté les mots : *Eques Laureatus*, et comme c'est en 1490 qu'il a été fait chevalier, il est indubitable que le panneau en question n'est pas antérieur à cette année. — Eh bien! ces deux tableaux paraissent peints le même jour ; ils présentent les mêmes types, la même disposition générale, les mêmes détails rendus avec la même précision, le même éclat incomparable, la même finesse. L'un serait l'œuvre d'un débutant, l'autre celle d'un centenaire; et entre les deux se trouverait le xve siècle tout entier, c'est à dire le renouvellement complet de l'art!

Nous n'admettons donc pas les deux dates de 1411 et de 1412 comme authentiques, et nous pensons que c'est dans la seconde moitié du xve siècle qu'il faut placer les travaux de Crivelli. Sans approfondir, ainsi qu'il serait facile, cette discussion, nous ajouterons que le tableau même de Brera donne un démenti à sa date. Ce n'est pas dans un ouvrage de 1412 que l'on pourrait jamais rencontrer une imitation si exacte de la nature, et, pour employer un mot moderne, un réalisme si évident.

Crivelli n'a jamais employé que la détrempe, mais il s'en sert de façon à rivaliser avec la peinture à l'huile la plus parfaite ; et en laissant de côté le procédé des van Eyck, il a certainement cherché à lutter contre leur palette si vive, si brillante et si harmonieuse.

113. *Saint Bernardin de Sienne* (1).

Bois. — H. 1,95. — L. 0,61.

Il est debout tenant un livre de la main gauche. Il lève la main droite et paraît parler. A ses pieds sont agenouillés deux personnages de très-petite dimension.

Au bas on lit sur un cartel, les mots : OPVS. CAROLI. CRIVELLI. VENETI. 1477.

Ce tableau, cité dans l'ouvrage du marquis Ricci, se trouvait à Ascoli dans l'église de l'Annunziata. Il fut porté à Rome en 1825 et acquis par le cardinal Fesch. Dans le catalogue de vente du cardinal, il porte le n° 991.

Attribué à CARLO CRIVELLI.

114. *Le Christ mort, debout, soutenu par deux anges.*

Bois. — H. 0,15. — L. 0,11. (C)

ECOLE DE CRIVELLI.

115. *La Vierge et l'Enfant.*

Bois. — H. 1,12. — L. 1,69. (A)

La Vierge, couverte d'un manteau richement brodé, est assise sur des nuages, et adore l'Enfant Jésus endormi sur ses genoux. Elle est entourée d'une auréole dorée et de chérubins. A gauche, saint Jérôme; à droite, saint François, tous deux debout.

Ce tableau porte la date de 1488.

---

(1) Cette peinture, acquise directement par les soins de la Direction générale des Musées, ne faisait point partie de la collection Campana. Elle est exposée provisoirement dans la même salle que le saint Jean de Capistran, de Vivarini, dont elle forme, pour ainsi dire, le pendant *obligé*.

116. *La Vierge entre deux saints.*

Bois. — H. 1,06. — L. 1,30. (A)

Marie est assise sur un trône en pierre surmonté d'une guirlande de fruits. Elle tient sur ses genoux l'Enfant Jésus dont la main repose sur un livre entr'ouvert. A gauche, saint Pierre; à droite, saint Jean-Baptiste debout.

Devant la Sainte Vierge deux anges, vêtus de blanc, agenouillés et vus de dos.

117. *La Vierge et l'Enfant.*

Bois. — H. 1,40. — L. 0,75. (A)

Marie est vêtue d'un manteau vert et or qui l'enveloppe tout entière. Elle est assise sur un banc de pierre et tient l'Enfant Jésus sur ses genoux. De chaque côté, un ange en adoration, et dans le haut une gloire de chérubins.

Ce tableau porte la date de 1501.

118. *La Vierge adorant l'Enfant Jésus.*

Bois, forme cintrée du haut. — H. 1,20. — L. 0,56. (A)

Marie est debout, les mains jointes, et couverte d'un manteau chargé d'or. L'Enfant Jésus est couché à ses pieds sur un lit formé d'une gloire de chérubins. De chaque côté, un ange agenouillé. Dans le haut, une guirlande de fruits et des chérubins.

De la même main que le n° 117.

119. *Saint martyr debout, tenant d'une main la palme et de l'autre une épée. A ses pieds plusieurs serpents.*

Bois, forme cintrée du haut. — H. 1,18. — L. 0,38. (A)

120. *Saint Nicolas et saint Augustin, debout.*

Ces deux panneaux sont réunis dans le même cadre.

Hauteur de chaque panneau, 0,49. — L. 0,13. (A)

121. *Sainte Lucie et sainte Catherine de Sienne, debout.*

Ces deux panneaux sont réunis dans un cadre.

Hauteur de chaque panneau, 0,49. — L. 0,13. (A)

De la même main que le nº 120.

ÉCOLE FLORENTINE, XVe SIÈCLE.

122. *La Vierge et l'Enfant.*

Bois, forme cintrée du haut. — H. 0,78. — L. 0,48. (C)

La Vierge est assise, et tient dans le pli de son manteau l'Enfant Jésus, qui lève les yeux vers sa Mère.

123. *Saint Jérôme.*

Bois. — H. 0,61. — L. 0,41. (C)

Le saint, agenouillé devant sa grotte, se frappe la poitrine avec une pierre. A ses pieds est le lion. Sur le second plan, Jésus et saint Jean-Baptiste enfants. Dans le fond, saint Augustin rencontrant l'Enfant Jésus sur le bord de la mer.

124. *Scènes de l'histoire de Virginie.*

Bois. — H. 0,41. — L. 1,25. (A)

1° *Appius Claudius fait arrêter Virginie.*

2° *Le décemvir, siégeant à son tribunal, condamne Virginie comme esclave ;*

3° *Meurtre de Virginie.*

Ce panneau est le pendant d'un tableau de la même main, représentant l'*Histoire de Lucrèce*, qui se trouve au palais Pitti, à Florence, et qui y figure sous le nom de Filippino Lippi. Le nôtre portait dans le catalogue Campana le nom de S. Botticelli. Les deux attributions nous paraissent également erronées.

125. *L'Annonciation.*

Bois. — H. 1,55. — L. 1,75. (A)

La Vierge, agenouillée sous un portique à colonnes et les mains croisées sur la poitrine, écoute les paroles de l'ange qui lui présente un lys. Dans le nimbe de l'ange sont inscrits les mots : AVE. MARIA. GRATIA. PLENA. Dans celui de la Vierge, on lit : ECCE. ANCILLA. DOMINI. FIAT. MICH... Dans le haut, à gauche, le Père Éternel dans une gloire d'anges.

ÉCOLE FLORENTINE, SECONDE MOITIÉ DU XVe SIÈCLE.

126. *L'Annonciation.*

Bois. — H. 1,49. — L. 1,47. (A)

La Vierge est agenouillée sur un escabeau, les mains croisées sur la poitrine, en face de l'ange qui tient un lys. A droite, saint Pierre martyr et sainte Catherine debout ; à gauche, saint Jean-Baptiste et saint Antoine.

Dans le bas du tableau, un Christ en croix de très-petites proportions, et très-finement exécuté sur fond d'or.

Sous les pieds de la Vierge est l'inscription : AVE. MARIA. GRATIA. PLENA. DOMINVS. TE...

Au bord du cadre se trouve la date : A. D. M. CCCC. LXXIII.

127. *La Vierge, l'Enfant et quatre saints.*

Bois. — H. 1,70. — L. 1,70. (C)

Marie est assise sur un trône, tenant l'Enfant Jésus sur ses genoux. A gauche, saint Jean-Baptiste et saint Augustin debout; à droite, saint Antoine et saint François d'Assise.

Ce bel ouvrage avait été attribué dans le catalogue Campana à Fra Filippo Lippi; mais cette désignation paraît erronée. D'un autre côté, quelques personnes ont cru y voir la manière d'Andrea del Castagno. Quant à nous, après mûr examen, nous sommes tenté de proposer le nom d'Andrea Verrocchio. Nous avons eu l'occasion d'étudier à loisir une suite de dessins de ce maître habile, et nous y retrouvons le même style, les mêmes caractères de tête, les mêmes figures.

Vasari n'a cité que deux peintures authentiques de Verrocchio. L'une d'elles, gravée dans l'Etruria Pittrice, est perdue; l'autre fait partie de l'Académie des Beaux-Arts de Florence, et nous paraît confirmer notre opinion. Nous savons d'ailleurs, par expérience, combien il est difficile d'attacher un nom certain à l'œuvre d'un peintre qui ne nous fournit qu'un si petit nombre d'objets de comparaison; et tout en exposant notre sentiment, nous nous empressons d'ajouter avec Vasari : « *Pure ne lasciamo il giudicio libero a chi intende meglio di noi*. »

ÉCOLE OMBRIENNE, XVe SIÈCLE.

128. *Saint Barthélemy, debout, en pied.*

Bois. — H. 0,77. — L. 0,20. (A)

129. *Saint Laurent, debout, en pied.*

Bois. — H. 0,77. — L. 0,20. (A)

Pendant du précédent.

130. *Saint Jean, debout, en pied.*

Bois. — H. 0,83. — L. 0,23. (A)

131. *Saint Nicolas, debout, en pied.*

Bois. — H. 0,83. — L. 0,23. (A)

Les nos 128, 129, 130 et 131 sont de la même main.

132. *Le Père Éternel bénissant.*

Bois. — H. 0,97. — L. 1,05. (A)

Il est vu à mi-corps dans une gloire de chérubins; le Saint-Esprit plane sous lui. De chaque côté, une légion d'anges dans les airs, conduits par saint Michel et saint Gabriel.

133. *La Vierge et l'Enfant.*

Bois, forme cintrée du haut. — H. 0,85. — L. 0,49. (A)

La Vierge est debout, soutenant l'Enfant Jésus placé sur un appui en pierre. Autour de la composition, on lit en lettres gravées, mêlées de fleurs, l'inscription suivante : GLORIA IN EXCELSIS DEO ET IN TERRA PAX HOMINIBVS BONE VOLVNTATIS LAVDAMVS TE BENE. AVE MARIA GRATIA PLENA D...

134. *La Vierge et l'Enfant.*

Bois, forme ogivale. — H. 0,86. — L. 0.49. (A)

Marie est debout, vue à mi-corps, donnant un fruit à l'Enfant placé sur un appui en pierre. Dans le haut, deux anges soutiennent l'extrémité d'un voile doré qui tombe derrière la Vierge.

ÉCOLES D'ITALIE, XVᵉ SIÈCLE.

135. *La Vierge debout, dans un paysage, accompagnée de saint Jean Baptiste et d'un ange.*

Bois, forme cintrée du haut. — H. 0,74. — L. 0,37. (A)

136. *Saint Augustin.*

Bois. — H. 2,12. — L. 0,96. (A)

Le saint, vêtu de ses habits épiscopaux, est assis sur un trône, et remet à ses disciples le livre contenant les statuts de son ordre. A ses pieds, un hérésiarque couché tient une banderole, sur laquelle on lit les mots suivants :

Dicimus mundum esse eternum non habere principium neque finem. Aristoteles.

137. *Martyre d'un saint évêque.*

Bois. — H. 0,31. — L. 0,39. (A)

Le bourreau va décapiter le saint agenouillé. A gauche, des chrétiens, les mains liées, attendent le même sort. Des guerriers à pied et à cheval assistent au martyre. Fond de paysage.

138. *Le Massacre des innocents.*

Bois. — H. 0,33. — L. 0,40. (A)

Hérode est sur son trône et commande à ses bourreaux. Une mère, sur le premier plan, cherche parmi les cadavres le corps de son fils.

De la même main que le nº 137.

139. *Sainte Marie-Madeleine et sainte Dorothée vues jusqu'aux genoux.*

Bois. — H. 0,23. — L. 0,44. (A)

140. *Mort de sainte Catherine de Sienne.*

Bois. — H. 0,33. — L. 0,26. (A)

Elle est étendue sur un lit, entourée de plusieurs religieuses exprimant leur douleur. On voit, dans une auréole, son âme monter au ciel.

141. *La Vierge, debout devant un trône de marbre, tient l'Enfant Jésus qu'adorent saint Jean et deux anges. Deux autres anges font de la musique. Dans le haut, deux enfants répandent des fleurs. Fond de paysage.*

Bois. — H. 0,48. — L. 0,34. (A)

142. *Le Christ mort, debout dans le tombeau, est adoré par huit saints agenouillés.*

Bois. — H. 0,17. — L. 0,87. (A)

143. *La Vierge, vue à mi-corps, tient dans ses mains l'Enfant Jésus, qui passe le bras droit autour du cou de sa mère.*

Bois. — H. 0,53. — L. 0,34. (A)

On lit au bas, en lettres mêlées d'ornements : SALVE REGIĀ.

144. *La Vierge, couronnée et vue à mi-corps, tient*

debout devant elle l'Enfant Jésus. Le petit saint Jean est à gauche, les mains jointes.

Bois. — H. 0,72. — L. 0,51. (A)

145. *La Vierge, debout et vue à mi-corps, tient devant elle l'Enfant Jésus sur un pilier de marbre. Deux anges vêtus de rose suspendent une guirlande de verdure au-dessus de sa tête.*

Bois. — H. 0,71. — L. 0,51. (A)

146. *L'Adoration des Mages.*

Bois. — H. 0,25. — L. 1,18. (A)

Devant un monument en ruines, la Vierge et l'Enfant sont adorés par les Rois qu'accompagne une suite nombreuse, piétons et cavaliers, s'étendant vers la droite. A gauche, la Nativité.

147. *La Vierge, à mi-corps, tient l'Enfant Jésus, qui joue avec un chardonneret. Fond de rosiers.*

Bois. — H. 0,36. — L. 0,35. (A)

148. *La Flagellation et la Crucifixion.*

Bois. — H. 0,30. — L. 0,51. (A)

149. *La Crèche.*

Bois. — H. 0,28. — L. 0,51. (A)

La Vierge et saint Joseph adorent l'Enfant Jésus couché devant l'étable.

De la même main que le n° 148.

150. *Devant le palais de Minos, Pasiphaë, debout, regarde un taureau blanc dont le front est orné d'une étoile, et qui se remarque au milieu du troupeau. Vers la droite, elle attire à elle le même taureau en lui présentant des herbes. Sur le second plan, toujours accompagnée du taureau à l'étoile d'or, elle offre un sacrifice.*

Bois. — H. 0,68. — L. 1,81. (A)

151. *Histoire de Thésée et d'Ariane.*

Bois. — H. 0,68. — L. 1,53. (A)

Vers la gauche de la composition, Thésée, en armure, reçoit d'Ariane le fil à l'aide duquel il pourra se guider dans le labyrinthe. A droite, on voit le héros au milieu du labyrinthe et combattant le Minotaure.

152. *Ariane abandonnée.*

Bois. — H. 0,69. — L. 1,53. (A)

A gauche, sur le bord de la mer, Thésée, en armure, s'éloigne du lit où Ariane est endormie, malgré les efforts d'une suivante qui cherche à le retenir. A droite, Bacchus, sur un char traîné par des chevaux à tête de serpent, et entouré d'un nombreux cortége de Satyres et de Bacchantes.

153. *Troupe de guerriers à cheval et en marche, emmenant des prisonniers. On voit dans le fond une ville prise d'assaut.*

Bois. — H. 0,68. — L. 1,80. (A)

Les nos 150, 151, 152 et 153 sont de la même main.

154. *Saint Blaise debout, en pied, tenant la crosse et le peigne de fer.*

Bois, forme ogivale. — H. 1,44. — L. 0,49. (A)

155. *La Vierge entre quatre saints.*

Bois. — H. 1,35. — L. 1,47. (A)

La Vierge est assise et vue de face au centre de la composition, tenant sur ses genoux l'Enfant Jésus assis. A droite, saint Blaise, évêque, et saint Jean l'évangéliste debout; à gauche, saint Laurent et saint Pierre martyr. Aux pieds de saint Laurent, un abbé de l'ordre de Saint-Dominique, agenouillé et les mains jointes. Cette figure est de très-petite proportion.

156. *Sujets tirés de l'histoire de Suzanne.*

Bois. — H. 0,42. — L. 1,69. (A)

1o Les vieillards rendant la justice.

2o Suzanne, accompagnée de deux suivantes, se rend au bain.

3o Elle est surprise par les vieillards.

4o Elle est conduite en prison.

157. *Suite de l'histoire de Suzanne.*

Bois. — H. 0,43. — L. 1,63. (A)

1o Suzanne jugée par les deux vieillards.

2o Suzanne menée devant le tribunal de Daniel.

3o Daniel jugeant les vieillards.

4o Lapidation des vieillards.

De la même main que le no 156.

ÉCOLES D'ITALIE, SECONDE MOITIÉ DU XVe SIÈCLE.

158. *Saint Bernardin de Sienne, debout, en pied, tenant un livre.*

Bois. — H. 0,50. — L. 0,16. (A)

159. *Sainte Agathe, debout, tenant dans ses mains ses seins coupés.*

Bois. — H. 0,49. — L. 0,15. (A)

160. *Sainte religieuse de l'ordre de Saint-Dominique, debout, tenant la palme du martyre.*

Bois. — H. 0,50. — L. 0,16. (A)

161. *Saint Bonaventure, debout, en pied, les mains jointes.*

Bois. — H. 0,50. — L. 0,15. (A)

De la même main que les nos 158, 159 et 160.

*Attribué à l'***ECOLE D'A. MANTEGNA**, *né à Padoue en* 1431, *mort à Mantoue en septembre* 1506.

162. *La Vierge et l'Enfant.*

Bois. — H. 0,62. — L. 0,40. (C)

La Vierge est assise sur un trône, et tient sur le genou droit l'Enfant Jésus, nu et debout. Un portique de la plus riche architecture encadre le trône de la Vierge. Deux anges, l'un à droite, l'autre à gauche, chantant et jouant de la viole et de la mandoline, sont debout sur un piédestal, appuyés contre une colonne en pierre précieuse. L'entablement du monument est orné de deux têtes antiques peintes en grisaille, et d'une guirlande de fleurs et de fruits.

Ce joli petit tableau pourrait peut-être aussi être attribué à un maître ferrarais de la fin du xve siècle.

LUCA SIGNORELLI, *peintre, né à Cortone vers* 1441, *mort à Cortone en* 1524.

163. *L'Adoration des Mages.*

Bois. — H. 3,26. — L. 2,43. (C)

La Vierge, assise, tient l'Enfant Jésus, à qui l'un des rois, agenouillé, présente avec respect un vase de parfums. De nombreuses figures, debout, vêtues à la mode du xve siècle, se voient à droite et à gauche. Au second plan, des cavaliers formant la suite des rois. Fond de paysage.

164. *Sept figures debout, vues jusqu'aux genoux, et de grandeur naturelle.*

Bois. — H. 1,03. — L. 0,70. (A)

On remarque à gauche un vieillard coiffé d'un turban, et à droite un homme vu de dos, drapé d'un manteau jaune.

Fragment d'une grande composition.

ECOLE DE SIGNORELLI.

165. *La Vierge entre deux saints.*

Bois. — H. 1,27. — L. 1,25. (A)

Sur un trône de marbre, orné de festons de fleurs et de fruits, est assise la Sainte Vierge tenant sur ses genoux l'Enfant Jésus. A droite, sainte Thérèse debout tenant une croix et un livre; à gauche, saint Jean. Deux anges à mi-corps sont en adoration près du trône.

166. *Sainte Famille.*

Bois. — H. 1,65. — L. 1,49. (C)

La Vierge est assise sur un trône au milieu de la composition, et tient l'Enfant Jésus debout sur ses genoux. A gauche, saint Louis de Toulouse agenouillé, saint Augustin, saint François d'Assise et saint Bernardin de Sienne, tous les trois debout; à droite, sainte Catherine d'Alexandrie agenouillée, et trois saintes debout, savoir : sainte Catherine de Sienne, sainte Barbe, et une sainte de l'ordre de Saint-François portant une couronne.

De la même main que le précédent.

ECOLE DE SANDRO BOTTICELLI, *né à Florence en 1447, mort à Florence en 1515.*

167. *Scènes et figures saintes diverses.*

Bois. — H. 0,23. — L. 0,90. (A)

Au milieu, le Christ apparaissant à la Madeleine et à un autre personnage agenouillé. A gauche, la Visitation, et saint Pierre martyr; à droite, saint Dominique et saint François s'embrassant, et un saint nu. Fond de paysage.

168. *La Vestale Tucia portant l'eau dans un crible.*

Bois. — H. 0,49. — L. 1,67. (A)

Le tableau représente plusieurs épisodes successifs du même sujet. A droite, la vestale puise l'eau dans le Tibre. Plus loin, elle la porte, entourée de ses compagnes étonnées. Vers la gauche, on voit l'autel de Vesta, devant lequel arrive la jeune fille, tenant toujours son crible rempli d'eau.

De la même main que le n° 167.

169. *Vénus.*

Bois. — H. 0,85. — L. 2,20. (C)

La déesse est couchée sur un parterre émaillé de fleurs, le haut du corps appuyé contre une balustrade garnie de rosiers. Elle est vêtue d'une robe transparente et d'une draperie rouge. Trois enfants nus sont auprès d'elle. Deux d'entre eux remplissent une corbeille de roses. Dans le fond un fleuve et des montagnes.

MAINARDI (Sebastiano), *né à San Gimignano vers* 1460, *mort vers* 1515.

Sebastiano Mainardi est un de ces artistes de talent qui, travaillant à l'ombre d'un maître célèbre et consacrant tous leurs efforts à l'aider, ont disparu avec modestie, une fois leur œuvre achevée, et ne sont pas aussi connus qu'ils mériteraient de l'être.

Il était l'élève chéri de Domenico Ghirlandajo, qui peignit son portrait à côté du sien propre, dans l'une des belles fresques de la chapelle Tornabuoni, à Sainte-Marie-Nouvelle, et qui lui donna en mariage sa jeune sœur.

Vasari nous apprend qu'il aida son maître dans ses principaux ouvrages, à Florence, à Pise, à San Gimignano, à Sienne. Le chanoine Pecori (*Storia della terra di San Gimignano*) cite, en outre, plusieurs peintures faites, sans collaboration, dans San Gimignano, sa patrie. C'est un grand tableau d'autel placé aujourd'hui dans le chœur de la cathédrale, et provenant d'un monastère supprimé. Ce sont deux fresques peintes en 1487 et 1488 dans l'église de Saint-Augustin : l'une d'elles existe encore. Une autre fresque, dans une chapelle de la même église, avait été peinte en l'an 1500. Enfin, dans l'église de Montoliveto, se voit un autre ouvrage daté de 1502.

L'école de D. Ghirlandajo fut très-nombreuse, et Vasari

cite, comme ayant travaillé avec lui, plusieurs peintres dont les noms seuls sont parvenus jusqu'à nous. Leurs ouvrages sont invariablement attribués à Dominique lui-même, et c'est là ce qui explique le grand nombre de peintures où l'on remarque un certain talent, et qui rappellent cette école.

Le beau panneau, très-bien conservé, qui fait partie du Musée Napoléon III, et que nous devons restituer à son véritable auteur, était vraiment digne de Ghirlandajo. On n'y retrouve peut-être pas toute sa force et tout son savoir; mais l'on y admire une expression pleine de délicatesse et une grâce qui n'a rien d'affecté. Un autre *tondo* de la même main se voit au palais communal de San Gimignano. Il présente les mêmes qualités, et, après mûr examen, a été donné avec certitude à Mainardi. Les figures principales des deux tableaux étant identiques, il est impossible de douter de l'authenticité du nôtre.

Les dates de naissance et de mort que nous adoptons pour l'élève de Ghirlandajo ne sont qu'approximatives, et ne résultent nullement de documents certains. Nous ajouterons seulement que le portrait dont nous avons parlé plus haut, et qui fut peint par Ghirlandajo vers 1490, est bien celui d'un homme d'une trentaine d'années, et paraît s'accorder avec la date de 1460, que nous acceptons comme celle de la naissance de Mainardi.

170. *Sainte Famille.*

Panneau rond. — Diamètre, 0,92. (C)

La Sainte Vierge, assise, tenant de sa main droite l'Enfant Jésus sur ses genoux, caresse de la main gauche le petit saint Jean debout, croisant avec dévotion ses bras sur sa poitrine. Trois anges, tenant chacun une branche de lys, se voient vers la droite. Dans le fond, à travers les arcades d'un portique ouvert, on aperçoit un paysage, et une ville devant laquelle coule un fleuve.

VITTORE CARPACCIO, *né à Venise ou à Capo d'Istria vers* 1450, *mort dans un âge avancé après* 1522.

171. *Sainte Famille dans un paysage.*

Bois. — H. 0,96. — L. 1,25. (C)

La Vierge est assise au milieu du premier plan, sur un banc de pierre. L'Enfant Jésus qu'elle tient sur ses genoux laisse tomber une fleur que saint Jean, assis à ses pieds, va recevoir. A droite, sainte Élisabeth et saint Joachim; à gauche, sainte Anne et saint Joseph. Deux anges drapés soutiennent derrière la Vierge une tenture et une couronne. Deux anges nus sont à terre et paraissent faire de la musique. Dans le paysage, très-développé, qui sert de fond à la composition, on remarque une ville baignée par une rivière, et dominée par un rocher surmonté d'un château fort. Au second plan, se voit une grande arcade formée de rochers bizarrement découpés, au milieu desquels plusieurs ermites ont placé leur cellule.

On lit dans le bas, à gauche, les mots suivants :

A VICTORE CARPATHIO FICTI.

Collection du cardinal Fesch : nº 916 du catalogue de vente.

ECOLE DU PERUGIN (PIETRO VANUCCI), *né à Città della Pieve en* 1446, *mort en* 1524.

172. *Le Jugement de Salomon.*

Bois. — H. 0,97. — L. 1,40. (C)

Le roi, tenant le sceptre, est vu de face assis sur son trône. Près de lui, un jeune homme vêtu à la mode du XVe siècle, porte une épée. La vraie mère arrête le bras du soldat qui va couper en deux son enfant. La fausse mère est debout, vers la gauche, levant la main. Plusieurs figures, debout, à droite et à gauche, complètent la composition.

173. *Le Jugement de Daniel.*

Bois. — H. 0,96. — L. 1,25. (C)

Le prophète est assis à droite, sur un trône élevé de plusieurs marches, et lève la main droite en désignant les deux vieillards dont les mains sont liées derrière le dos. A gauche, plusieurs figures d'hommes dans le costume du xve siècle. Suzanne, debout près de Daniel, joint les mains et rend grâces au ciel.

De la même main que le n° 172.

174. *La Vierge et l'Enfant.*

Bois. — H. 0,46. — L. 0,35. (A)

La Vierge est debout, et tient l'Enfant Jésus assis sur ses deux mains. Huit têtes de chérubins entourent le groupe.

175. *La Vierge debout, vue à mi-corps, entourée d'une auréole et de chérubins, tient dans ses bras l'Enfant Jésus.*

Bois. — H. 0,43. — L. 0,36. (A)

Ce tableau a été attribué à Eusebio di san Giorgio.

176. *La Vierge, à mi-corps, portant l'Enfant Jésus dans ses bras. Fond de paysage.*

Bois. — H. 0,37. — L. 0,29. (A)

Dans le couronnement cintré du cadre, le Christ mort soutenu dans le tombeau par deux anges.

H. 0,12. — L. 0,31. (A)

Le groupe de la Vierge et de l'Enfant est une copie, faite avec talent, d'après le tableau de la galerie du Louvre, n° 292, lequel nous paraît devoir être attribué au Spagna.

177. *Predella composée de trois tableaux réunis dans un cadre.*

1° *L'Adoration des Mages.*

H. 0,22. — L. 0,30. (A)

2° *L'Ascension.*

Mêmes dimensions. (A)

3° *Le Christ sortant du tombeau.*

Mêmes dimensions. (A)

178. *Saint Léonard et saint Jacques-le-Majeur.*

Bois. — H. 0,77. — L. 0,63. (A)

Demi-figures de grandeur naturelle.

On lit au-dessus des saints : SCS. LEONARDS. COF. SCS. IACOBVS. APTL.

179. *La Vierge allaitant l'Enfant Jésus.*

Bois. — H. 0,59. — L. 0,60. (A)

On voit, dans le fond, quatre figures qui sont restées à l'état d'ébauche : saint Jérôme, la Madeleine et deux anges.

A l'imitation du **PERUGIN**.

180. *La Vierge et l'Enfant : dans le haut, de chaque côté, gloire de chérubins.*

Bois. — H. 0,31. — L. 0,26. (A)

BERNARDINO PINTURICCHIO, *né à Pérouse en* 1454, *mort à Sienne le* 11 *décembre* 1513.

181. *La Nativité.*

Bois, forme cintrée du haut. — H. 2,23. — L. 1,54. A)

Devant l'étable sont agenouillés la Vierge et saint Joseph adorant l'Enfant nouveau-né. Derrière saint Joseph, deux bergers les mains jointes. Dans le fond, sur les divers plans du paysage, se voient l'annonciation aux bergers et la marche des rois Mages. Dans le haut, sur un nuage, trois anges agenouillés et tenant une banderole, sur laquelle on lit : GLORIA. IN. EXCELSIS. DEO. ET IN. TERRA. PAX.....

Ce tableau, dont l'originalité ne nous paraît pas douteuse, est malheureusement défiguré par des repeints nombreux et grossiers.

ÉCOLE DE PINTURICCHIO.

182. *La Vierge, assise sous un dais richement orné, tient sur ses genoux l'Enfant Jésus, qui se retourne pour bénir un donateur, vu en buste et en petites proportions vers la gauche. Fond de paysage.*

Bois. — H. 1,02. — L. 0,96. (A)

Ce tableau est presque entièrement recouvert de repeints.

MANNI (GIOVANNI NICOLA), *dit Giannicola da Perugia, né à Citta della Pieve, mort à Pérouse, le* 27 *octobre* 1544.

Ce peintre, élève et collaborateur du Pérugin, était déjà habile en 1493, époque où il reçut la commande d'une fresque représentant la Cène, dans le réfectoire des Prieurs, à la maison de ville de Pérouse. Il naquit donc avant 1478, et cette date, adoptée par Pascoli et Lanzi, doit être rejetée.

Mariotti (*Lettere Perugine*) cite plusieurs ouvrages exécutés en 1499, en 1502, en 1505 et en 1511, ouvrages aujourd'hui perdus. Mais on voit encore à Pérouse les peintures de la petite *chapelle du Cambio*, touchant à la célèbre salle ornée par le Pérugin, peintures terminées en 1518. Le grand tableau d'autel représentant le Christ, la Vierge, saint Jean et plusieurs saints, cité par Vasari, et peint pour l'église de Saint-Dominique, est conservé à l'Académie des Beaux-Arts de Pérouse. Enfin, l'on voit dans l'église Saint-Thomas une décoration d'autel, dont Passavant loue le beau dessin et la puissante couleur.

La qualité distinctive de cet artiste est, en effet, la vivacité et le charme de son coloris, et ce mérite se retrouve particulièrement dans les trois tableaux que nous allons décrire.

183. *Le Baptême du Christ.*

Bois. — H. 0,43. — L. 0,86. (C)

Le Sauveur se tient debout, les mains jointes, pendant que saint Jean verse l'eau sur sa tête. Quatre anges sont agenouillés près du groupe principal. A droite et à gauche se voient plusieurs hommes debout; quelques-uns d'entre eux sont coiffés de turbans.

184. *L'Assomption de la Vierge.*

Bois. — H. 0,43. — L. 0,86. (C)

Les apôtres sont réunis autour du tombeau et manifestent leur étonnement de le trouver vide. Dans le haut du ciel, et au milieu d'une auréole, se voit la Sainte Vierge laissant pendre sa ceinture vers la terre.

185. *L'Adoration des Mages.*

Bois. — H. 0,43. — L. 0,86. (C)

Devant un édifice en ruines qui se voit vers la gauche, la Vierge ayant près d'elle Saint-Joseph appuyé sur son bâton, est assise tenant l'Enfant Jésus, aux pieds duquel l'un des rois, agenouillé, vient de déposer sa couronne. Les deux autres rois sont debout; un serviteur détache les éperons du plus jeune; à droite, et sur les divers plans du paysage, se groupe le nombreux cortège qui les accompagne.

Ces trois compositions étaient très-probablement réunies, et formaient la *predella* d'un grand tableau.

ÉCOLE DE FRANCESCO FRANCIA, *peintre, orfèvre et graveur en médailles, né à Bologne en 1450, mort à Bologne en 1517.*

186. *Sainte Famille.*

Bois. — H. 0,69. — L. 0,55. (C)

La Vierge tient devant elle, sur un appui en pierre, l'Enfant Jésus nu, debout et donnant sa bénédiction; à gauche un saint Franciscain vu à mi-corps, les deux mains appuyées sur un bâton. Fond de paysage.

GIOVANNI BATTISTA DA UDINE, *maître inconnu de la fin du XVe siècle ou du commencement du XVIe, élève de Luigi Vivarini.*

187. *La Vierge et l'Enfant Jésus.*

Bois. — H. 0,54. — L. 0,40. (C)

La Vierge, vue de face, tient, debout sur un appui en pierre, l'Enfant Jésus, qui regarde des cerises suspendues à sa main gauche par un fil.

Sur un petit cartel en papier attaché à la pierre, on lit l'inscription suivante :

Johannes Batista de Utino, pictor, discipulus Aloysii Vivarini.

Ainsi figurée :

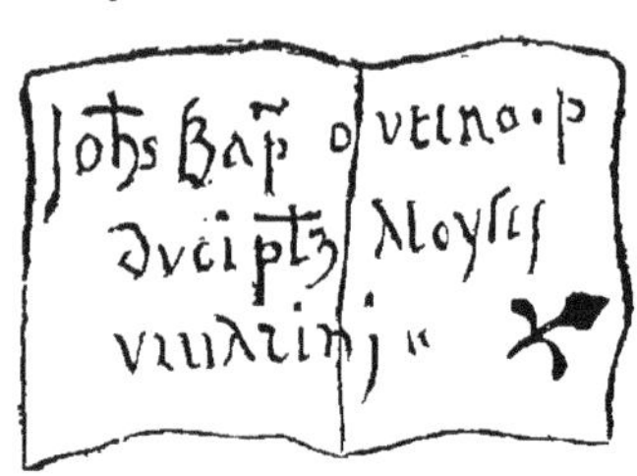

BARTOLOMMEO MONTAGNA, *né à Orzi-Novi, dans la province de Brescia, vers le milieu du XVᵉ siècle (?). Il faisait son testament à Vicence le* 6 *mai* 1523.

Vasari n'a consacré que quelques lignes à ce peintre, et le dit élève de Mantegna. D'autres, s'appuyant sur une signature rapportée par Piacenza (*Giunte al Baldinucci*, tome III, page 210, Vasari de Lemonnier, VI, page 127), le regardent comme sorti de l'école de Jean Bellin ; mais il ne nous paraît nullement prouvé que le Bartolommeo, élève de Jean Bellin, qui y est désigné, soit le même que Bartolommeo Montagna. Il s'agit d'un tableau peint en 1509. A cette époque, Montagna avait probablement plus de 50 ans. Il était dans toute la maturité de son talent, et n'aurait pas signé comme un commençant. D'un autre côté, la date de 1449, rapportée par Moschini et par Zanotto (*Pinacoteca dell' Academia Veneta*), comme se trouvant sur l'un de ses ouvrages, est probablement inexacte. Elle indiquerait du moins une longévité assez rare.

Les documents que nous possédons sur B. Montagna sont donc confus et contradictoires. Nous savons seulement qu'il se fixa à Vicence, et qu'il y exécuta de nombreuses peintures dont nous trouvons mention dans le guide de Vicence de Vendramini Mosca (édition de 1804), et dans Ridolfi. Quelques-unes d'entre elles se voient encore aujourd'hui au

Musée de cette ville. L'anonyme de Morelli cite plusieurs ouvrages qui se trouvaient dans la première moitié du XVIe siècle à Padoue. Les dates authentiques que nous pouvons rapporter, d'après les commentateurs de Vasari, sont celles de 1499, de 1500, de 1502 et de 1503.

Le Musée Brera, de Milan, possède l'un de ses meilleurs ouvrages, venant d'une église de Vicence et peint en 1499. C'est une grande et agréable composition, dans le goût de Jean Bellin, représentant la Vierge sur un trône, entourée de saints debout, et ayant à ses pieds trois anges faisant de la musique. La Pinacothèque de Venise possède également deux tableaux provenant de Vicence.

Les ouvrages de B. Montagna nous semblent dénoter, avant tout, l'étude de Jean Bellin. Cette remarque n'infirme en rien l'assertion de Vasari. A. Mantegna et Jean Bellin étaient beaux-frères, et leurs écoles se touchaient par tant de côtés, que l'élève du premier pouvait tout naturellement devenir l'imitateur du second.

188. *Ecce Homo.*

Bois. — H. 0,54. — L. 0,43. (C)

Le Sauveur est vu de face et à mi-corps, les mains liées, la couronne d'épines sur la tête, la corde attachée au cou.

Sur un cartel figuré à gauche, se lit l'inscription :

Bartholomeus mōtagna fecit.

BARTOLOMMEO SUARDI, *dit* **BRAMANTINO**, *peintre et architecte milanais, vivait encore en* 1529.

Il fut élève du célèbre Bramante, et, pour cette raison, appelé Bramantino. Vasari l'a confondu avec un autre artiste du même nom, qui peignit vers 1450, dans les chambres vaticanes, des fresques jetées à terre par Jules II pour faire place à Raphaël.

Bartolommeo Suardi vint aussi à Rome, mais plus tard, à l'époque où Raphaël et Bramante s'y trouvaient, et nous savons par Vasari qu'il s'y lia d'amitié avec Jacopo Sansovino.

Les peintures de Suardi, citées par Vasari et par Lomazzo, n'existent plus, à l'exception d'une fresque représentant le Christ mort, qui se trouve à Milan, et qui a été gravée dans l'ouvrage de Rosini. Une autre fresque et deux tableaux à l'huile, de sa main, font partie du Musée Brera.

189. *La Circoncision.*

Bois. — H. 1,35. — L. 2,23. (C)

La Vierge assise tient dans ses bras l'Enfant Jésus que va opérer le grand-prêtre agenouillé, et qui se serre avec effroi contre sa mère. A droite de la Vierge, se voit frère Jacopo Lampugnani, vêtu de blanc, donateur du tableau; derrière ce personnage, un saint évêque et un saint cardinal; au côté opposé, derrière le grand-prêtre, sainte Catherine et un autre évêque. Toutes ces figures sont à genoux.

On lit au bas: XL ANNO 1491 FR. IA. LAPVGNANVS. PP. HVMIL. CAN.

Le monogramme composé des lettres X et L, qui se trouve au commencement de cette inscription, n'est pas facile à interpréter. Nous proposons, faute de mieux, l'explication suivante : Lex Christi (?) anno 1491 frater Jacobus Lampugnanus patrum humilium canonicus (fecit fieri).

L'ordre des *Humiliés* existait à Milan dès le commencement du XIe siècle. Il fut réformé par saint Bernard, qui lui fit adopter le vêtement blanc, et supprimé par saint Charles Borromée.

Bramantino avait exécuté pour l'ordre des Humiliés une autre peinture dont parle Latuada, tome V, page 265.

BARTOLOMMEO BONONI, *de Pavie, travaillait au commencement du XVIe siècle.*

190. *La Vierge, assise dans le ciel, tient sur ses genoux l'Enfant Jésus, qui se penche vers un religieux de l'ordre de Saint-François, agenouillé, paraissant être le donateur du tableau. Un saint évêque, debout, presse avec affection ce religieux dans ses bras, et le présente à la Vierge. A droite, saint François d'Assise, debout, montrant ses stygmates. Fond de paysage.*

Bois. — H. 1,68. — L, 1,14. (C)

Un cartel appliqué sur le tronc d'un arbre, porte l'inscription suivante : OPVS BARTHOLOMEI BONONII CIVIS PAPIENSIS. 1507 ; ainsi figurée :

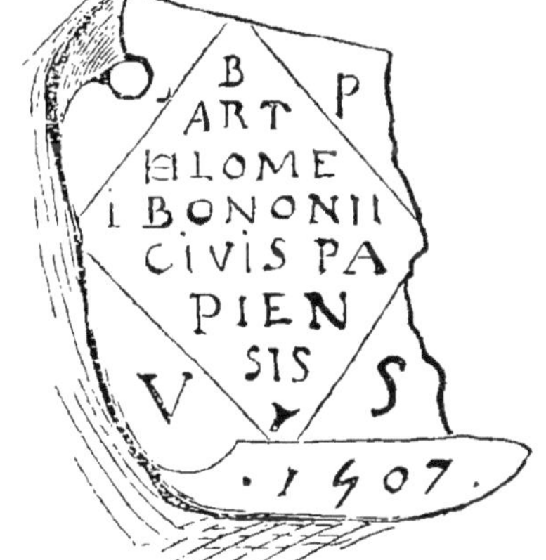

Ce tableau, provenant de l'église Saint-François-de-Pavie, est, croyons-nous, le seul ouvrage connu de Bononi, peintre sur lequel nous ne trouvons dans les auteurs aucun renseignement ; Lanzi le cite sans rien ajouter. La tête de l'évêque présente une analogie remarquable avec les têtes du fameux tableau du Louvre peint par P. F. Sacchi, compatriote et contemporain de Bononi.

Zani rapporte inexactement la signature de notre tableau : il donne la date de 1514 comme celle de la mort de l'artiste ; mais nous ne savons quel document lui a fourni ce détail.

Attribué à **BOCCACCIO BOCCACCINO,** *peintre, né à Crémone vers* 1460, *mort vers* 1518.

Vasari tourne en ridicule cet artiste, qui, dit-il, vint à Rome pour voir les peintures de Michel-Ange, et qui, après les avoir vues, se permit de les blâmer et de les critiquer sans ménagement.

Malheureusement c'est presque le seul détail qu'il nous donne sur son compte. Boccaccino eut le tort de ne pas comprendre le grand Michel-Ange, et de ne pas apprécier la voûte de la chapelle Sixtine; il n'est pas moins considéré à Crémone comme un peintre de grand mérite. Lanzi dit qu'il fut dans l'école Crémonaise ce que Pérugin, Francia et D. Ghirlandajo furent ailleurs. On admire beaucoup une figure du Christ assis entre quatre saints, et donnant la bénédiction, figure inspirée des maîtres byzantins et peinte en 1506 dans le dôme de Crémone. Vasari lui-même en parle favorablement. Rosini a gravé une gracieuse composition du mariage de la Vierge, qui fait partie d'une suite de peintures exécutées dans la même église, de 1514 à 1518, c'est-à-dire à la fin de la carrière du peintre. De 1497 à 1499, Boccaccino eut pour aide et pour élève le célèbre Benvenuto Tisio da Garofalo, alors âgé de dix-sept à dix-neuf ans. Ce fait, rapporté par Vasari au début de la vie de Garofalo, se trouve confirmé par une lettre fort curieuse du peintre de Crémone, publiée par Gaye (tome I, page 344). Vasari ajoute que les leçons et l'exemple de Boccaccino furent des plus utiles au talent du jeune artiste ferrarais.

191. *Sainte Famille.*

Bois. — H. 0,34. — L. 0,29. (C)

La Vierge, enveloppée dans une ample draperie bleue et violette, porte l'Enfant Jésus qu'elle tient de ses deux mains. A droite, saint Joseph assis, appuyé sur un bâton.

Attribué à **ANTONIO CALVI.**

192. *La Vierge entre deux saints.*

Bois. — H. 1,24. — L. 0,82. (C)

La Vierge, soutenant l'Enfant Jésus sur ses genoux, est assise sur un trône, derrière lequel sont debout saint Jean-Baptiste et saint Jean l'Évangéliste. Dans le bas se lit l'inscription :

QVESTA OPERA ANNO FACTA FARE LE RELLEGIOSE ET PRINCIPALI DE CASA SCA CATERINA PAVLA DA MASTRO ANTONIO DE CALVIS.

Antonio Calvi est absolument inconnu. Il paraît avoir travaillé à la fin du xve siècle, et, à en juger par le tableau que nous venons de décrire, son talent n'était pas d'un ordre très-élevé.

Ce tableau se trouvait dans le même couvent que la peinture de la Barque de saint Pierre, n° 196 de ce Catalogue.

ÉCOLE FLORENTINE, FIN DU XVe SIÈCLE.

193. *La Vierge, debout, tenant l'Enfant Jésus, qui passe les bras autour de son cou.*

Bois, forme cintrée du haut. — H. 0,67. — L. 0,40. (A)

ÉCOLE DE SIENNE, FIN DU XVe SIÈCLE.

194. *La Vierge, assise, tient l'Enfant Jésus, qui joue avec un chardonneret. Derrière le groupe, saint Bernardin et sainte Catherine de Sienne.*

Bois. — H. 0,49. — L. 0,3 (A)

ÉCOLE OMBRIENNE, FIN DU XVe SIÈCLE.

195. *La Vierge, vue jusqu'aux genoux et assise, tient sur l'une de ses mains l'Enfant Jésus, écrivant dans un livre qu'elle lui présente de l'autre main. A droite, saint Grégoire; à gauche, un autre saint.*

Bois. — H. 0,58. — L. 0,40. (A)

196. *La Barque de saint Pierre.*

Toile. — H. 1,88. — L. 1,78. (A)

Les onze apôtres sont dans la barque, dont la voile est gonflée par le vent, et témoignent leur terreur. A droite, Jésus-Christ, debout sur les flots, donne la main à saint Pierre et lui reproche son peu de foi. Sur le premier plan, à gauche, plusieurs religieuses sont agenouillées.

Composition imitée de la mosaïque bien connue de Saint-Pierre de Rome.

Sur la barque on lit l'inscription suivante :

HOC OPVS FIERI FECERVNT RELIGIOSE DN̄E EX DOMO SC̄A ET PRINCIPALES CATHERINA ET PAVLA QVONDAM MAGISTRO PETRO DE CASTRO PLEBIS A. M. CCCCLX....

D'après l'inscription que nous venons de rapporter, cette peinture serait du grand Pietro Vannucci, dit le Pérugin. C'est là une erreur si évidente, qu'il est superflu de la discuter.

L'inscription est d'ailleurs ancienne; mais elle n'est pas contemporaine du tableau. Elle est postérieure à 1524, date de la mort du Pérugin, ainsi que le prouve le mot *quondam* magistro.

Quant à la peinture elle-même, elle présente, en certaines parties, d'étranges discordances. Le ciel et la mer, les figures des religieuses agenouillées, les deux démons qui soufflent le vent, sont postérieurs de bien des années au reste, et sont l'œuvre d'un artiste vénitien. Il est donc certain que le tableau a été retouché vers 1530, et c'est très-probablement au moment de cette restauration, que l'inscription consacrant une ancienne et fausse tradition du couvent a été ajoutée.

ÉCOLE VÉNITIENNE, FIN DU XVe SIÈCLE.

197. *Portrait de jeune homme, vu en buste, coiffé d'une toque noire. Il porte, à la mode du temps, les cheveux longs, recouvrant le front et retombant sur les épaules. Son vêtement est rouge et orné, sur l'épaule droite, d'une bande d'étoffe noire.*

Bois. — H. 0,29. — L. 0,20. (C)

*Attribué à l'*ÉCOLE VENITIENNE, *fin du XVe siècle ou commencement du XVIe.*

198. *Le Christ portant la croix.*

Bois. — H. 0,34. — L. 0,24. (C)

Le Sauveur est vu en buste et de trois quarts, vêtu d'une robe blanche. Il soutient de ses deux mains son lourd fardeau. Une grosse chaîne de fer pend à son cou; la couronne d'épines ensanglante son front.

ÉCOLES D'ITALIE, FIN DU XVe SIÈCLE.

199. *Sainte Catherine de Sienne.*

Bois, forme cintrée du haut. — H. 0,84. — L. 0,52. (A)

Elle est agenouillée devant le crucifix, qui s'incline pour lui parler.

200. *Saint Louis, évêque de Toulouse, et saint Jean-Baptiste, tous deux debout.*

Bois. — H. 0,74. — L. 0,62. (A)

201. *La Vierge, assise et les mains jointes, adore l'Enfant Jésus posé sur ses genoux. A gauche un ange, à droite un saint religieux tenant des verges.*

Bois, forme cintrée du haut. — H. 0,66. — L. 0,41. (A)

202. *La Vierge tenant devant elle l'Enfant Jésus, assis sur un coussin. A droite et à gauche, un ange.*

Bois. — H. 0,63. — L. 0,47. (A)

203. *Un saint évêque à cheval, armé d'étrivières, terrasse trois soldats épouvantés. Il est suivi d'un clerc portant la croix.*

Bois. — H. 0,41. — L. 0,43. (A)

204. *La Vierge assise, l'Enfant Jésus et un ange.*

Bois, forme cintrée du haut. — H. 0,67. — L. 0,44. (A)

205. *L'Adoration des Mages.*

Bois. — H. 0,21. — L. 0,80. (A)

La Vierge est assise au milieu de la composition, devant l'étable; les rois sont agenouillés devant elle. A droite et à gauche, un grand nombre de personnages dans le costume italien du XVe siècle.

206. *L'Enlèvement d'Europe.*

Bois. — H. 0,35. — L. 1,17. (A)

Panneau provenant probablement d'un coffre de mariage.

207. *L'Enlèvement d'Hélène.*

Bois. — H. 0,39. — L. 1,10. (A)

De la même main que le n° 206.

208. *Le Jugement de Pâris.*

Bois, forme ronde. — Diamètre 0,66. (C)

Pâris est assis à gauche, tenant la pomme. L'Amour, volant dans les airs, lui décoche une flèche. Vénus est nue Pallas et Junon sont vêtues, et tiennent à la main, l'une un livre, et l'autre un vase à parfums. Fond de paysage.

Ce tableau pourrait être attribué à un peintre secondaire de l'École bolonaise ou ferraraise.

ÉCOLE OMBRIENNE, COMMENCEMENT DU XVIe SIÈCLE.

209. *La Flagellation.*

Bois. — H. 0,21. — L. 0,53. (A)

Figures à mi-corps. On voit dans le fond, à gauche, Pilate sur son trône.

ÉCOLE VÉNITIENNE, COMMENCEMENT DU XVIe SIÈCLE.

210. *Portrait d'homme âgé, vu en buste et de trois*

quarts, tourné vers la gauche. Robe et bonnet noirs.

Bois. — H. 0,48. — L. 0,42. (C)

*Attribué à l'*ÉCOLE VÉNITIENNE, *commencement du XVIe siècle.*

211. *Devant un autel consacré à saint Barthélemy, une femme verse de l'huile dans une lampe. A gauche, un personnage coiffé d'une toque noire et vêtu d'une robe rouge.*

Bois. — H. 0,30. — L. 0,31. (A)

212. *Saint Barthélemy faisant tomber les idoles d'un autel païen. Des malades et des estropiés s'approchent du saint.*

Bois. — H. 0,34. — L. 0,72. (A)

De la même main que le no 211.

*Attribué à l'*ÉCOLE FERRARAISE, *commencement du XVIe siècle.*

213. *L'Adoration des Mages.*

Bois. — H. 0,37. — L. 0,54. (A)

La Vierge est assise à droite, à l'entrée d'une grotte. Devant elle sont les rois mages adorant l'Enfant qu'elle tient sur ses genoux. Une nombreuse suite accompagne les rois. Sur les différents plans d'un paysage chaudement coloré, se voient des cavaliers, des piétons et des chameaux portant des bagages.

ÉCOLES D'ITALIE, COMMENCEMENT DU XVIe SIÈCLE.

214. *La Vierge, assise et vue jusqu'aux genoux, tient de ses deux mains l'Enfant Jésus enveloppé d'une draperie rouge.*

Bois. — H. 0,19. — L. 0,14. (A)

On lit dans le haut du panneau l'inscription suivante, gravée à la pointe et en très-petits caractères : RAPHAEL. S. VRB. MCDXCV. Cette inscription est évidemment apocryphe.

215. *Portrait d'homme, vu de face, à mi-corps, habillé de noir, et coiffé d'une toque de même couleur.*

Bois. — H. 0,65. — L. 0,48. (A)

On lit à gauche sur un pilier : F. FRANCIA AVRIFEX BONONIÆ. Cette signature nous paraît avoir été ajoutée par un faussaire ; la peinture elle-même est entièrement remaniée.

216. *Portrait en buste d'un jeune garçon, vu de profil, tourné à gauche, coiffé d'une calotte rouge.*

Bois. — H. 0,30. — L. 0,25. (C)

217. *La Madeleine enlevée au ciel.*

Bois, forme cintrée du haut. — H. 0,42. — L. 0,24. (A)

La sainte est soutenue dans les airs par deux anges. A terre, deux saints debout.

LORENZO DI CREDI, *peintre, sculpteur, orfèvre, né à Florence en 1459, mort à Florence le 12 janvier 1537.*

218. *Le Christ apparaissant à la Madeleine sous la figure d'un jardinier.*

Bois. — H. 0,58. — L. 0,43. (C)

Le Sauveur est debout, tenant une houe de la main droite. La Madeleine, les cheveux flottant sur ses épaules, s'agenouille et le regarde avec amour. Fond de paysage.

La galerie des Offices, à Florence, possède un tableau du même maître, presque pareil, et également original.

219. *L'Annonciation.*

Bois. — H. 0,14. — L. 0,59. (C)

La Vierge est agenouillée à droite, les mains croisées sur la poitrine, et s'inclinant devant un prie-Dieu. L'ange est à gauche, également agenouillé, sur le bord d'une terrasse qui laisse voir un fond de paysage.

Ce précieux petit panneau paraît avoir fait l'ornement d'un meuble.

ÉCOLE DE LORENZO DI CREDI.

220. *Sainte Famille.*

Bois, forme ronde. — Diamètre 0,85. (A)

La Vierge, assise à terre, caresse le petit saint Jean, qui adore l'Enfant Jésus. A droite, sainte Catherine. Fond de paysage.

221. *La Vierge, accompagnée de deux anges, adore l'Enfant Jésus, couché devant elle. A gauche, saint Joseph.*

Bois, forme ronde. — Diamètre 1,12. (A)

ÉCOLE DE FRA BARTOLOMMEO, *né à Savignano, près de Prato, en* 1469, *mort le* 6 *octobre* 1517.

222. *La Vierge, l'Enfant Jésus et sainte Anne.*

Bois. — H. 1,04. — L. 0,86. (C)

Marie est assise, la tête inclinée vers l'Enfant, à qui elle donne le sein. Sainte Anne est à gauche.

Attribué à **MARIOTTO ALBERTINELLI**, *né à Florence vers* 1475, *mort vers* 1520.

223. *Tableau à volets formant triptyque.*

Panneau central. *La Vierge assise sur un trône dont deux anges soutiennent le dais. Au premier plan sont agenouillées sainte Agnès et une autre sainte. Au-dessus, dans la partie cintrée, Dieu le Père tenant le livre de vie.*

H. 0,74. — L. 0,48. (A)

Volet de gauche. *Dans le haut, l'ange de l'Annonciation. Au-dessous, saint Michel terrassant le démon. Dans le bas, la Crucifixion.*

H. 0,93. — L. 0,31. (A)

Volet de droite. *En haut, la Vierge agenouillée, faisant pendant à l'ange ; au-dessous, saint Luc; dans le bas, saint Dominique et saint Augustin.*

H. 0,93. — L. 0,28. (A)

Au revers des volets sont peints la lance, la croix et l'éponge.

DOMENICO PANETTI, *né à Ferrare vers* 1460, *mort à Ferrare vers* 1530.

Baruffaldi paraît avoir été beaucoup trop sévère pour cet artiste, qui fut le premier maître du Garofalo, et qui, ainsi que cela arrive trop souvent, s'est vu sacrifié à son brillant élève. L'historien des artistes ferrarais représente Panetti comme un peintre dépourvu de toute espèce de talent, et n'ayant produit dans sa jeunesse que les plus médiocres ouvrages; il ajoute que lorsque Benvenuto Tisi revint de Rome, après avoir pendant deux années travaillé sous la direction de Raphaël, le pauvre Panetti se fit à son tour l'élève de son disciple, et montra alors une certaine habileté.

Ce récit, trop légèrement accepté par Lanzi et passé à l'état de fait reconnu, a été à bon droit repoussé par Laderchi (*Pittura Ferrarese*). Il ne repose sur aucun document, et les dates s'élèvent contre ce que l'on voudrait nous faire croire. Il est à peu près prouvé que c'est de **1515** à **1517** que le Garofalo a travaillé avec Raphaël. Panetti avait donc environ soixante ans au retour du Garofalo à Ferrare. Est-ce à cet âge que l'on peut changer utilement de manière, et n'avons-nous pas plus d'un exemple du fâcheux effet que les doctrines nouvelles ont pu produire sur le talent d'un vieux maître?

D'ailleurs le changement signalé par Baruffaldi n'existe nullement. Domenico Panetti est resté attaché toute sa vie aux doctrines de la fin du xve siècle. Il exprime avec grâce et avec pureté le sentiment religieux. C'est en tout un maître antico-moderne comme son compatriote Lorenzo Costa, comme le Pérugin, comme Jean Bellin; et, si nous ne pouvons le mettre sur une ligne aussi haute que ces derniers, il mérite cependant une estime et une considération tout autres que ce qu'on lui accorde ordinairement.

224. *La Nativité.*

Bois. — H. 0,58. — L. 0,49. (C)

La Vierge et saint Joseph sont agenouillés et adorent l'Enfant Jésus couché devant eux dans la crèche. On voit à droite, sur le second plan, l'étable et le bœuf couché; à gauche, un paysage montagneux.

ÉCOLE DE RAPHAEL, *peintre et architecte, né à Urbin le* 6 *avril* 1483, *mort à Rome le* 6 *avril* 1520.

225. *Sainte Catherine.*

Bois. — H. 1,66. — L. 1,00. (C)

Elle est debout dans une niche, appuyée sur la roue, et tenant la palme.

Ce tableau a beaucoup souffert et a subi de nombreuses retouches.

226. *La Vierge adorée par les anges.*

Toile. — H. 1,13. — L. 0,84. (A)

La Vierge est assise sur un coussin au milieu d'un paysage; elle presse dans ses bras l'Enfant Jésus. De chaque côté, trois anges agenouillés. Deux autres anges soutiennent dans les airs une couronne au-dessus de sa tête.

ECOLE DE BERNARDINO LUINI, *né à Luino vers* 1460, *vivait encore en* 1530.

227. *La Bienheureuse Marie Catherine Bugora.*

Bois. — H. 0,59. — L. 0,45. (A)

La sainte est vêtue en religieuse; elle tient de la main gauche une palme, et de la main droite un cœur surmonté du crucifix. Dans le fond, on aperçoit des soldats arrêtant un homme, et le même homme s'échappant, conduit par un ange.

On lit sur une banderole l'inscription suivante, qui nous explique le sujet de cette peinture votive :

EGO IO. BAPT. PVSTERVLA. EQVES. PRECIBVS. TVIS.
GALLICAS. MANVS. EVASI.

Près de la sainte, on lit en lettres d'or : ... MARIA CATRINA BVGORA.

LODOVICO MAZZOLINI, *né à Ferrare, mort vers* 1530 (Baruffaldi donne la date de 1540), *âgé de quarante-neuf ans.*

228. *Jésus prêchant à la multitude.*

Toile. — H. 0,41. — L. 0,58. (C)

Le Christ, assis dans une barque, parle à la foule amassée sur le rivage. Trois apôtres, dont deux tirent leurs filets, accompagnent le Sauveur. Fond de paysage composé à droite d'un bois touffu : vers la gauche, une ville et un horizon de montagnes bleues bordant un lac.

Collection du cardinal Fesch ; n° 798 du catalogue de vente.

GIROLAMO MARCHESI DA COTIGNOLA, *né à Cotignola, château de la Romagne, vers* 1480, *mort à Rome vers* 1550.

Il fut, dit-on, élève de Francia à Bologne, et il séjourna à plusieurs reprises dans cette ville, où il fit son testament en 1531.

Vasari le vante comme peintre de portraits, et cite plusieurs de ses compositions religieuses à Bologne et à Rimini. On trouve aussi de ses ouvrages à Ferrare, à Forli et à Pesaro.

Étant allé à Rome, il y trouva à faire de nombreux portraits, et entr'autres celui du pape Paul III. De Rome il se rendit à Naples, où les commandes ne lui manquèrent pas.

Ayant amassé quelques économies, il revint, déjà âgé, à Rome, et, suivant le récit de Vasari, y fut victime d'une intrigue honteuse. On lui fit épouser une femme de mauvaise vie, qu'on lui présenta comme le soutien de ses vieux jours; mais il découvrit bientôt son erreur, et mourut de chagrin en quelques semaines, à l'âge de soixante-neuf ans.

Les portraits de Girolamo da Cotignola, dont Vasari rend un si bon témoignage, n'ont sans doute pas tous péri; mais très-probablement les galeries et les collections particulières les conservent sous des noms plus brillants. L'un de ces portraits, qui aurait pour la France un intérêt tout particulier, est celui de Gaston de Foix, qu'il peignit en 1512 à Ravenne, après la mort du héros. (*Ritrasse dal morto*, dit Vasari.)

Ses peintures d'histoire, et particulièrement ses tableaux de la Pinacothèque de Bologne, dénotent l'étude du style de Raphaël; mais c'est une imitation un peu lourde et un talent de second ordre.

229. *Le Christ portant la croix.*

Bois. — H. 0,53. — L. 0,50. (C)

Le Sauveur est vu en buste, tourné vers la gauche et tenant la croix de ses deux mains ; il est vêtu d'une robe bleue et d'un manteau blanc. Sur l'extrémité inférieure de la croix se lit l'inscription suivante :

HIERONIMVS MARCHESIVS DE (?) COTIGNOLA FACIEBAT
1520 (ou 1526 ?)

ÉCOLE DU PARMESAN (FRANCESCO MAZZUOLI), *né à Parme le* 11 *janvier* 1503, *mort le* 24 *août* 1540.

230. *Sainte Famille.*

Bois. — H. 0,63. — L. 0,54. (A)

La Vierge, assise, tient sur ses genoux et contre son sein l'Enfant Jésus endormi, que considèrent saint Jean et sainte Catherine. A droite, derrière la Vierge, saint Joseph.

ZACCHIA (PAOLO?) *dit* ZACCHIA IL VECCHIO, *né à Lucques, peintre du XVIe siècle.*

Les églises de Lucques contiennent plusieurs peintures de ce maître peu connu, quoique cité avec éloges par Lanzi. Le guide de Lucques (de Tommaso Trenta, 1820) mentionne entr'autres, dans l'église Saint-Augustin, une Assomption, avec la date de 1527, et dans l'église S.-Pietro Somaldi un autre tableau représentant le même sujet, peint en 1532. L'Ascension du Christ qui se voit dans l'église S.-Salvator, porte la date de 1561, et dut être probablement l'un de ses derniers ouvrages.

Il marquait habituellement ses peintures du monogramme qui se retrouve sur le portrait de notre collection, et une inscription qui se lit sur le tableau de l'église Saint-Augustin, dont nous venons de parler, prouve qu'il avait de lui-même et de son propre talent une idée fort élevée. Ce talent est du reste incontestable.

Rosini donne dans son ouvrage la gravure d'une composition du Mariage de la Vierge, venant aussi d'une église de Lucques.

Zacchia le jeune, fils ou neveu de P. Zacchia, travaillait dans la seconde moitié et à la fin du XVIe siècle.

231. *Portrait d'un joueur de viole.*

Bois. — H. 0,85. — L. 0,60. (C)

Il est debout, devant un appui en pierre sur lequel il pose le bras droit et montre de la main gauche son instrument.

Sur cet instrument, se voit le monogramme :

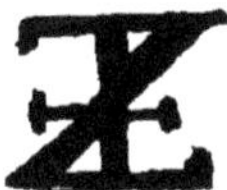

qui paraît composé des lettres E F L Z, et qui semble indiquer un autre prénom que celui de Paolo ; mais il est certain que ce même monogramme se retrouve sur les principaux ouvrages de Zacchia le vieux.

ÉCOLE OMBRIENNE, XVIe SIÈCLE.

232. *La Vierge de Lorette.*

Bois. — H. 0,83. — L. 0,83. (A)

Deux anges portent dans les airs la *Santa Casa*, sur laquelle apparaît la sainte Vierge, tenant l'Enfant Jésus. Deux autres anges portent la couronne au-dessus de la tête de la Vierge. Le Donateur, figure de petite dimension, est agenouillé sur le premier plan.

On lit en bas l'inscription :

SCA MARIA DE LLORETA ORA. PRO. NOBIS. 1. S. 2. 4
Mo IACOBVS LOMBARDO FECIT FIERI.

Dans le haut est écrit : AVE. MARIS. STELLA. DEI. MATER. ALMA.

ÉCOLE FERRARAISE, XVIe SIÈCLE.

233. *L'Adoration des Mages.*

Bois. — H. 0,31. — L. 1,38. (A)

La Vierge est assise, à gauche de la composition, au milieu d'un édifice en ruines. Le plus vieux des rois est agenouillé devant elle ; les deux autres s'avancent apportant les vases de parfums. De nombreuses figures de piétons et de cavaliers garnissent les autres parties du tableau.

ÉCOLE VÉNITIENNE, XVIe SIÈCLE.

234. *Portrait d'homme, vu en buste, la tête découverte et tournée à droite.*

Toile. — H. 0,52. — L. 0,36. (C)

Il porte une draperie rouge par dessus son armure.

ÉCOLES D'ITALIE, XVIe SIÈCLE.

235. *La Vierge, assise, tient debout sur ses genoux*

l'Enfant Jésus, qui couronne une religieuse vêtue de noir.

Toile. — H. 0,39. — L. 0,32. (A)

236. *Dante et Béatrix, portraits réunis dans le même cadre.*

Bois. — H. de chaque panneau 0,22. — L. 0,14. (A)

237. *Trois tableaux dans le même cadre :*

1° *La Cène.*

Bois. — H. 0,19. — L. 0,50. (A)

2° *Notre-Seigneur mort, assis sur le tombeau, soutenu par les anges et pleuré par les saintes femmes.*

Mêmes dimensions. (A)

3° *Le Portement de croix.*

Mêmes dimensions. (A)

238. *L'Ascension.*

Peinture à la gouache.

Bois. — H. 0,96. — L. 0,62. (A)

Le Sauveur est debout dans le ciel entr'ouvert, entouré d'une gloire d'anges. A terre, les onze apôtres agenouillés.

239. *La Pentecôte.*

Peinture à la gouache.

Bois. — H. 0,96. — L. 0,62. (A)

La Vierge est assise au milieu des apôtres dans un temple, et le Saint-Esprit descend sur eux sous forme de flammes.

240. *Saint Paul, sur la route de Damas, est renversé de cheval au milieu d'un groupe de soldats épouvantés. Le Christ, entouré d'anges, apparaît sur les nuages.*

Peinture à la gouache.

Bois. — H. 0,94. — L. 0,59. (A)

De la même main que les nos 238 et 239.

ÉCOLE DU CARAVAGE (MICHEL-ANGELO-AMERIGHI), *né à Caravaggio en 1569, mort en 1609.*

241. *Ecce Homo.*

Toile. — H. 0,98. — L. 0,126. (A)

Le Christ est entouré de trois soldats qui l'insultent. A droite, Pilate le désigne de la main.

D'après **GUIDO RENI,** *né à Bologne en 1575, mort en 1642.*

242. *Le Martyre de saint André.*

Toile. — H. 0,93. — L. 1,31. (A)

La fresque originale se voit à l'église Saint-Grégoire in Monte-Celio, à Rome.

243. *La Vierge, l'Enfant Jésus et saint Jean.*

Cuivre. — H. 0,26. — L. 0,20. (A)

La Vierge, assise, tient sur ses genoux l'Enfant Jésus donnant la bénédiction au jeune saint Jean, qui lui baise le pied. A droite, dans le fond, sur l'appui d'une fenêtre, un vase d'œillets.

Le tableau original fait partie de la galerie du Louvre.

244. *Judith.*

Toile. — H. 1,05. — L. 1,85. (A)

Elle est debout, vue à mi-corps, la tête levée au ciel, tenant d'une main la tête d'Holopherne, et de l'autre une épée.

Attribué à **GIOVANNI ANDREA SIRANI**, *né à Bologne le 4 septembre* 1610, *mort à Bologne le* 20 *mai* 1670.

Il reçut ses premières leçons de G. Cavedone, et entra ensuite dans l'atelier du Guide, dont il devint l'élève chéri et le collaborateur. A la mort du Guide, il était âgé de trente-deux ans, et recueillit en partie la faveur qui s'attachait au nom de son maître. Il peignit avec succès dans le même style, et il serait plus connu, si la réputation de sa fille Élisabeth, morte jeune encore en 1665, n'avait fait oublier la sienne.

Lanzi dit avec raison que, dans la plupart des galeries, on donne à Élisabeth Sirani tous les ouvrages de son père et tous ceux de ses deux sœurs, Barbara et Anna-Maria. Il est probable aussi que bien des ouvrages d'Andrea portent le nom du Guide.

245. *Portrait d'un homme âgé, vêtu de noir, assis*

devant un pupitre, tenant une plume à la main; demi-figure.

Toile. — H. 0,81. — L. 0,66. (A)

Devant lui se trouve un papier portant une inscription fort altérée que nous n'avons pu lire qu'en partie :

.... Anno .... S... Jo. Sidamy (*sic*) factum ..... anno 1653 a R. S. Andrea de Romarolis fuit ab eodem restauratum de anno 1664.

Le personnage représenté s'appellerait donc Andrea Romaroli, et le portrait, peint en 1653, aurait été restauré par Strani lui-même en 1664. Nous devons ajouter qu'une partie de l'inscription est refaite, et que les lettres ajoutées paraissent avoir été mises au hasard. C'est ainsi que l'on peut expliquer ce mot *Sidamy* par *Sirani*.

GIOVANNI BAPTISTA SALVI DA SASSO FERRATO,

né à Sasso-Ferrato en 1605, mort à Rome en 1685.

246. *Buste de Vierge.*

Toile. — H. 0,39. — L. 0,29. (C)

Marie est représentée de trois quarts, la tête inclinée et les mains jointes. Un voile de gaze transparente laisse voir son front et ses cheveux blonds. Un manteau bleu couvre le derrière de la tête et les épaules.

247. *La Vierge et l'Enfant.*

Toile. — H. 0,98. — L. 0,73. (A)

Marie, la tête couverte d'un voile blanc, adore l'Enfant Jésus couché devant elle.

SASSO FERRATO, *d'après* RAPHAEL.

248. *La Vierge, l'Enfant Jésus et saint Jean.*

Toile. — H. 0,47. — L. 0,37. (A)

Le tableau original se trouve en Angleterre chez lady Garvagh. Il faisait autrefois partie de la collection Aldobrandini, à Rome.

SASSO FERRATO, *d'après* F. BAROCCI.

249. *L'Annonciation.*

Toile. — H. 0,98. — L. 0,74. (A)

L'ange, tenant une branche de lis, s'agenouille devant la Vierge, qui interrompt sa prière. La fenêtre de l'appartement laisse apercevoir un fond de paysage.

D'après **SASSO FERRATO.**

250. *La Vierge adorant l'Enfant Jésus.*

Toile. — H. 0,84. — L. 0,70. (A)

Copie moderne d'une composition souvent répétée.

ÉCOLE FLORENTINE, XVIIe SIÈCLE (Genre de Carlo Dolci).

251. *L'Annonciation.*

Bois. — H. 0,32. — L. 0,41. (A)

La Vierge est assise à droite et vue de profil ; l'ange est agenouillé à gauche.

Composition imitée de Beato Angelico

ÉCOLE BOLONAISE, XVIIe SIÈCLE.

252. *Portrait de Grégoire XIII.*

Toile. — H. 1,32. — L. 0,99. (A)

Il est vu jusqu'aux genoux, assis, tenant un livre ouvert sur une table devant lui.

253. *Sainte Cécile, vue en buste, la tête levée vers le ciel. Elle chante et tient un papier de musique.*

Toile. — H. 0,76. — L. 0,63. (A)

ÉCOLES D'ITALIE, XVIIe SIÈCLE.

254. *Une jeune femme, assise, considère ses deux enfants, dont l'un est couché dans un berceau, et à qui son jeune frère montre une cerise. A gauche, une petite fille endormie. Figures en pied de grandeur naturelle.*

Toile, forme ovale. — H. 1,10. — L. 1,47. (A)

Ce tableau paraît être l'œuvre d'un imitateur de D. Feti.

ÉCOLES D'ITALIE, FIN DU XVIIe SIÈCLE.

255. *Le Printemps.*

Toile. — H. 0,89. — L. 3,78. (A)

Au premier plan, groupe de femmes cueillant des fleurs.

256. *L'Été.*

Toile. — H. 0,90. — L. 3,85. (A)

Au premier plan, Pan poursuivant Syriux.

257. *L'Automne.*

Toile. — H. 0,90. — L. 3,73. (A)

Au premier plan, le sujet de Pyrame et Thisbé.

258. *L'Hiver; effet de neige.*

Toile. — H. 0,88. — L. 4,00. (A)

Au premier plan, l'hiver, sous la figure d'un vieillard, traîné dans un char par deux sangliers.

Ces quatre peintures à fresque sont l'œuvre d'un imitateur du Guaspre ; elles ont été enlevées d'une salle du palais Bernini, à Rome, et transportées sur toile.

259. *Paysage.*

Toile. — H. 0,50. — L. 0,66. (A)

Sur le premier plan, à gauche, au pied d'un rocher, on voit saint François d'Assise soutenu par deux anges.

260. *Paysage.*

Toile. — H. 0,54. — L. 0,73. (A)

Sur le premier plan, Tobie et l'ange.

ÉCOLE ESPAGNOLE.

ÉCOLE DE **MURILLO**, *né à Séville en* 1618, *mort à Séville en* 1682.

261. *Le Repos en Égypte.*

Ébauche.

Toile. — H. 0,45. — L. 0,35. (A)

*Attribué à l'*ÉCOLE ESPAGNOLE, *XVIIe siècle.*

262. *Portrait d'un général.*

Toile. — H. 1,16. — L. 0,92. (A)

Il tient d'une main le bâton de commandement et appuie l'autre sur son casque. Il porte sur son armure le collier de la Toison d'or.

ÉCOLE FLAMANDE.

Attribué à un artiste flamand, travaillant en Italie dans la seconde moitié du XVe siècle.

263. *Le pape Sixte IV, assis, vu de face jusqu'aux genoux. Il est coiffé de la tiare, et ses épaules sont couvertes d'une chape ornée de pierreries, dont les bords sont retenus par une agrafe magnifique. La main droite est levée; la gauche est appuyée sur un livre.*

H. 1,16. — L. 0,55. (C)

On lit au bas du portrait l'inscription :

XYSTO IIII. PONT. MAX.

264. *Vittorino de Feltre, assis, vu de profil, tourné à*

5.

gauche, vêtu de noir, tenant de ses deux mains un livre sur ses genoux.

H. 0,95. — L. 0,63. (C)

On lit au bas : VICTORINO FELTREN.

265. *Le cardinal Bessarione, assis, vu de trois quarts, tourné vers la gauche, vêtu d'une robe de moine dont le capuchon est relevé sur sa tête, que recouvre en outre le chapeau rouge. Il tient de ses deux mains un livre sur ses genoux.*

H. 1,15. — L. 0,56. (C)

On lit au bas : BESSARIONI.

266. *Pietro Apponio, assis, vu de trois quarts, tourné vers la gauche. Il est coiffé d'une toque rouge et porte une robe de même couleur. Il tient de ses deux mains un livre fermé.*

H. 0,93. — L. 0,60. (C)

On lit au bas : PETRO APONO.

267. *Dante, assis et vu de profil, tourné à droite. Il est couronné de lauriers et vêtu de rouge. Il lève la main droite, et retient de la main gauche un livre fermé placé sur ses genoux.*

H. 1,11. — L. 0,64. (C)

On lit au bas : DANTI ANTIGERIO.

268. *Saint Jérôme, assis, en costume de cardinal, vu*

de trois quarts, lisant dans un livre ouvert sur ses genoux.

H. 1,17. — L. 0,68. (C)

On lit au bas : HIERONYMO.

269. *Saint Augustin, assis, vu de trois quarts, la tête et la main droite levées vers le ciel. Il est mitré et couvert d'une chape, tenant de la main gauche un livre ouvert sur ses genoux.*

H. 1,16. — L. 0,62. (C)

On lit au bas : AGVSTINO.

270. *Saint Thomas d'Aquin, vu de face et assis. Il est vêtu du costume blanc et noir de l'ordre de Saint-Dominique, et coiffé d'une toque noire. Il pose l'index de sa main droite sur le pouce de sa main gauche, et fait une démonstration. Un livre fermé est placé sur ses genoux.*

H. 1,14. — L. 0,76. (C)

On lit au bas : THOMAE AQVINATI.

271. *Virgile, assis, vu de trois quarts, couronné de lauriers, vêtu d'une robe rouge et tenant un livre sous son bras gauche.*

H. 0,90. — L. 0,74. (C)

On lit au bas : P. VERG. MARONI MANTVANO.

272. *Solon, assis, vu de trois quarts, tourné vers la droite. Ses cheveux et sa barbe sont blonds et bouclés. Il porte sur la tête un chapeau bleu, dont les bords sont relevés par derrière. Sa robe bleue est recouverte d'un manteau vert, et il tient un livre qu'il entr'ouvre.*

H. 0,95. — L. 0,58. (C)

On lit au bas : SOLONI.

273. *Sénèque, assis, vu de trois quarts, la tête enveloppée d'un capuchon, tenant de la main droite un livre ouvert sur ses genoux.*

H. 1,00. — L. 0,76. (C)

On lit au bas : ANNAEO SENECAE CORDVS.

274. *Platon, assis, vu presque de face. Il a la tête découverte et semble parler, avançant la main gauche et indiquant de la main droite un passage du livre ouvert sur ses genoux.*

H. 1,00. — L. 0,67. (C)

On lit au bas : PLATONI ATHENIEN.

275. *Aristote, assis, vu presque de face, la tête couverte d'un bonnet, le corps vêtu d'une robe à ceinture, boutonnée jusqu'au cou. Il lève la main droite et pose la main gauche sur un livre fermé.*

H. 1,00. — L. 0,68. (C)

On lit au bas : ARISTOTELI STAGIRITAE.

276. *Ptolémée, assis, vu de trois quarts, tourné vers la droite, la tête couverte d'un turban que surmonte la couronne. Il tient de la main gauche une sphère.*

H. 0,97. — L. 0,66. (C)

On lit au bas : CL. PTOLEMAEO. ALEX.

Ces quatorze portraits, joints à pareil nombre de peintures du même genre, formaient, assure-t-on, la décoration de la salle d'étude du duc Federigo, à Urbin, et passèrent, anciennement déjà, entre les mains de la famille Barberini. En 1812, cet ensemble fut partagé par moitié avec la famille Barberini Colonna de Sciarra, qui, dans ces dernières années, céda son lot au marquis Campana.

Ils ont été attribués à Melozzo de Forli, et cette dénomination était fondée sur la ressemblance que présentait, disait-on, le Sixte IV de notre collection avec celui de la célèbre fresque peinte par Melozzz. et placée maintenant dans la pinacothèque du Vatican. Mais ces deux portraits n'ont entre eux aucun rapport (1); se fussent-ils ressemblé, cette similitude eût été un motif bien peu concluant en l'absence de tout document et en présence de styles si divers. La fresque du Vatican est autrement simple et sévère : l'on n'y remarque rien du style flamand, qui frappe au premier coup-d'œil dans nos portraits. Ce style est si prononcé chez quelques-uns d'entre eux, que nous ne saurions hésiter à les donner à l'un de ces habiles artistes qui, venus des Flandres ou d'Allemagne, dans la seconde moitié du

(1) Notre Sixte IV, décrit plus haut, est vu de face et vêtu d'habits pontificaux. Rien dans sa pose ne rappelle de près ou de loin le Sixte IV du Vatican. Celui-ci est vu en pied et entièrement de profil, assis dans un fauteuil sur les bras duquel il pose les deux mains, coiffé d'une calotte et vêtu d'une simple robe à camail. Il est évidemment peint d'après nature.

Il nous est impossible de comprendre comment le rédacteur du Catalogue Campana a pu écrire, à Rome, en parlant du Sixte IV de notre collection : « *Egli è del tutto simile all' altro che di mano di Melozzo si admira* » *nell' affresco della biblioteca Vaticana.* »

XVe siècle, travaillèrent en Italie avec un succès dont Vasari et d'autres historiens ont consacré le souvenir.

La ville d'Urbin avait précisément, vers l'époque où nos portraits durent être peints, reçu la visite de Juste de Gand, et ce peintre avait exécuté, en 1474, un tableau que l'on y admire encore, et qui lui fut payé 250 florins d'or.

M. Dennistoun (*Memoirs of the Dukes of Urbino*, t. Ier, p. 220) dit même que le duc Federigo avait fait peindre à Juste *plusieurs portraits;* mais il ne cite pas le document qui lui fournit ce détail, et nous ne l'avons rencontré dans aucun des ouvrages que nous avons pu consulter. S'il se confirmait ultérieurement, la question serait bien près d'être vidée.

Nous nous contenterons de faire observer le rapprochement qui existe entre la présence à Urbin de Juste de Gand en 1474, et le goût tout flamand de nos peintures, et nous croyons pouvoir sans témérité les attribuer, soit à l'un des habiles élèves qu'il devait mener avec lui, soit à un peintre italien travaillant sous son inspiration (1).

Raphaël vit en place la suite des portraits du château d'Urbin; il les trouva beaux, puisqu'il en copia quelques-uns dans un livre de croquis de sa jeunesse, conservé aujourd'hui à l'Académie de Venise. Il copiait beaucoup alors, et il était dans l'âge de l'étude. Nous savons qu'il fit, en 1499, un voyage de Pérouse à Urbin, et l'on peut, avec quelque vraisemblance, prendre cette date pour celle du croquis dont il s'agit. Il était dans sa dix-septième année.

Le père de Raphaël, Giovanni Santi, les vit aussi; mais, chose singulière, il n'en dit mot dans sa *Chronique rimée*, si curieuse et si intéressante. Son silence à l'égard d'œuvres commandées par son cher duc Federigo pourrait même faire douter de la tradition qui les attribue à ce prince, si cette tradition n'était pas constante et corroborée par les dessins de Raphaël. De son côté, Passavant remarque que Giovanni Santi, qui cite avec honneur plusieurs peintres du Nord, ne nomme pas Juste de Gand, malgré l'éclat de son succès à Urbin. Il met cette réserve sur le compte de quelque rivalité d'artiste ou d'école.

---

(1) Déjà le savant et regrettable M. Passavant avait remarqué à Urbin et cité dans son beau livre sur Raphaël plusieurs tableaux peints sous l'influence flamande.

Le même motif peut expliquer l'omission de nos peintures, et c'est une analogie de plus qui les lie aux œuvres de Juste de Gand.

Le vieux Giovanni avait sans doute ses antipathies et ses exclusions, et voyait avec colère et dédain ces étrangers apportant un style moins pur et des méthodes inconnues. Raphaël, obéissant à sa nature ardente et expansive, prenait son bien où il le trouvait, et, tout en copiant Montègne et le Pérugin, ne dédaignait pas d'autres inspirations.

ÉCOLE FLAMANDE, FIN DU XVe SIÈCLE.

277. *L'Assomption.*

Bois. — H. 1,60. — L. 0,70. (A)

La Vierge, debout sur les nuages, est entourée d'un grand nombre d'anges. Les douze apôtres, agenouillés autour du tombeau, la suivent des yeux.

278. *La Vierge, assise au milieu d'un paysage, regarde l'Enfant Jésus couché sur ses genoux.*

Bois, forme cintrée du haut. — H. 0,48. — L. 0,38. (A)

FRANÇOIS PORBUS, *né à Anvers en 1570, mort à Paris en 1622.*

279. *Portrait de Marie de Médicis.*

Toile. — H. 0,69. — L. 0,54. (C)

Elle est représentée en buste et de grandeur naturelle, vêtue d'une robe noire. La coiffure est de la même couleur. Les cheveux sont crêpés et se relèvent sur le front. Une large collerette blanche entoure le cou, orné d'un collier de perles, et laisse voir le sein. On lit dans le haut, à droite : ANo SAL. 1612.

INCONNU, *fin du XVIIe siècle.*

280. *Paysage.*

Toile. — H. 1,16. — L. 0,90. (A)

Au pied d'un chêne, sur une élévation de terrain, on remarque une biche allaitant son faon.

Cette peinture paraît être l'œuvre d'un Allemand ou d'un Flamand en Italie, et rappelle la manière de Rosa de Tivoli.

ÉCOLE FRANÇAISE.

D'après **CLAUDE LORRAIN** (CLAUDE GELLÉE), *né au château de Chamagne, près Toul, en* 1600, *mort à Rome en* 1682.

281. *Écho et Narcisse.*

Toile. — H. 0,53. — L. 0,72. (C)

L'original a été gravé par Vivarès. Il fait aujourd'hui partie de la *National Gallery*, à Londres.

282. *Paysage.*

Toile. — H. 0,63. — L. 0,86. (A)

Sur le premier plan, deux femmes et un homme jouant de divers instruments. A droite, une rivière au milieu des rochers. Effet du soir.

TABLE ALPHABÉTIQUE

DES ARTISTES

DONT LES OUVRAGES SONT DÉCRITS

DANS LA NOTICE DES TABLEAUX DU MUSÉE NAPOLÉON III

exposés

DANS LES GALERIES DE LA COLONNADE,

AU LOUVRE.

www.ingramcontent.com/pod-product-compliance
Ingram Content Group UK Ltd.
Pitfield, Milton Keynes, MK11 3LW, UK
UKHW022116190726
13855UKWH00003B/890

9 782013 058131